図解でわかる M&A入門

買収・出資・提携の
しくみと流れの
知識が身につく

桂木麻也

SE
SHOEISHA

はじめに

M&Aはかつて、10年に1度あるかないかの社史を飾るような大イベントでした。

それが今では、経営戦略として一般的となり、ソフトバンクや総合商社のように、毎月何らかのM&Aや提携のプレスリリースを出すような企業も出てきました。平成という30年の間に、M&Aは重要な成長戦略として日本企業にすっかり定着したといえます。

● 大きく縮小する日本市場

左のグラフを見てください。日本の人口が減少に転じたのはご承知かと思いますが今後45年で約4000万人の人口が消失するという予測があるのです。約4000万人の人口減とは、東日本では東京・神奈川・千葉・埼玉が消滅することを意味し、西日本では近畿・北陸・中国・四国が消滅するインパクトです。

国内の顧客を相手にしている小売・食品・物流・不動産・金融などの業種に甚大な影響をおよぼすことは想像に難くありません。国内市場が縮小する前から海外展開をしている大企業はありますが、上記を鑑みると、今後ますます海外シフトを強めていくと思われます。また社内リソースの関係から、国内事業しか行ってこなかった中堅・中小企業も、**海外の新しい市場を開拓していかない限り、淘汰は免れない状況になっている**のです。

● 避けられない海外進出とM&A

今後、あなたが所属する会社が大企業であれ中堅・中小企業であれ、左の図にあるように海外企業を買うIn-out型のクロスボーダーM&A※と向き合っていくことは必須な状態になっているといえます。クロスボーダーM&Aは国内案件に比べて難易度が高いため、それをしっかり理解し、推進できる人材の重要性は増していくでしょう。

本書は、今後の会社のM&A戦略を担うであろう

※本書では特に注記をしない限り、クロスボーダー M&Aを日系企業が海外で行うIn-Out型のM&Aであると定義することとする

■ 国内の年齢別人口の推移と将来推計

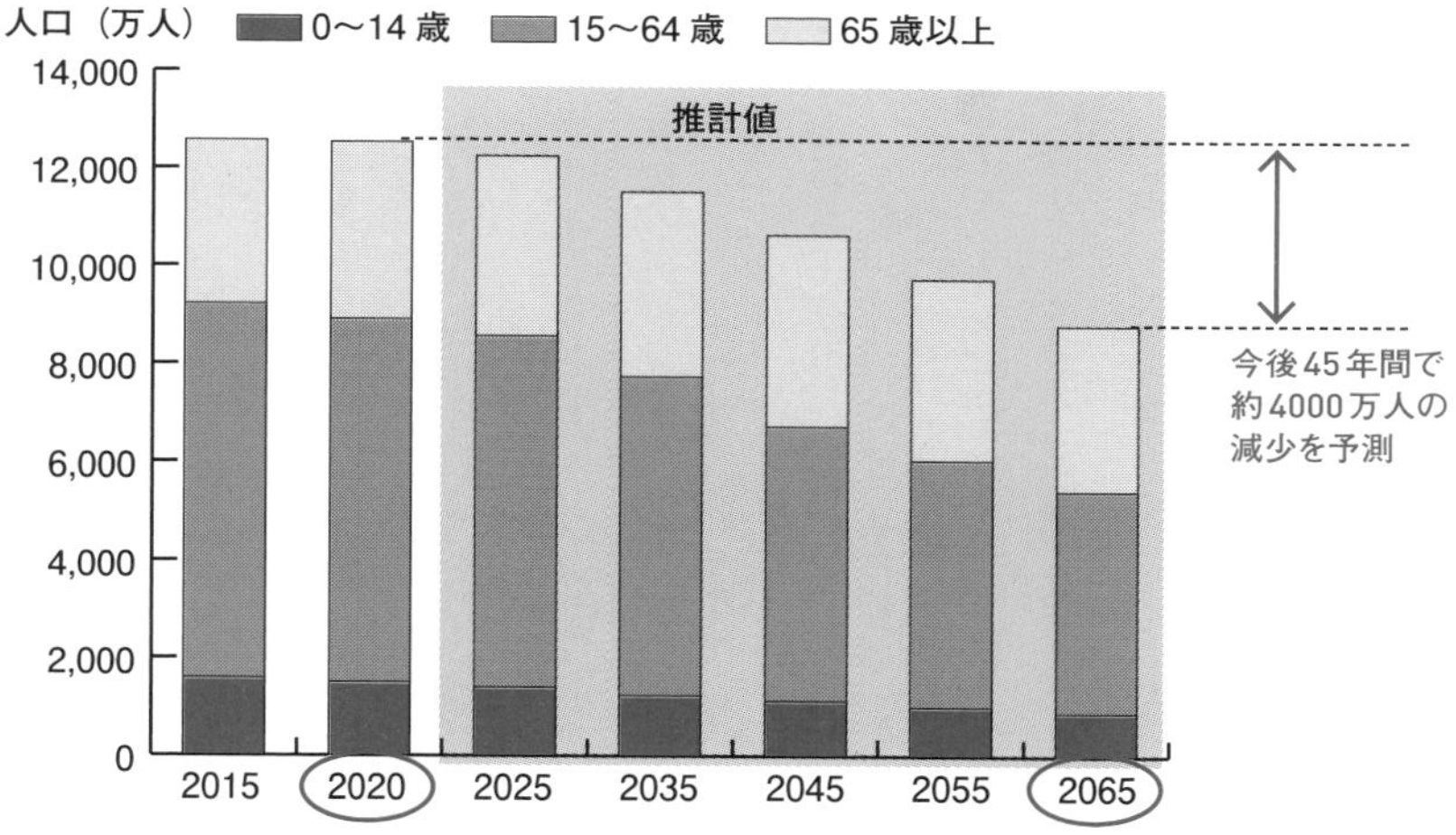

出所：総務省高齢化白書2019より著者作成
https://www8.cao.go.jp/kourei/whitepaper/w-2019/html/zenbun/s1_1_1.html

■ 買収者とターゲットの国籍によるM&Aの類型

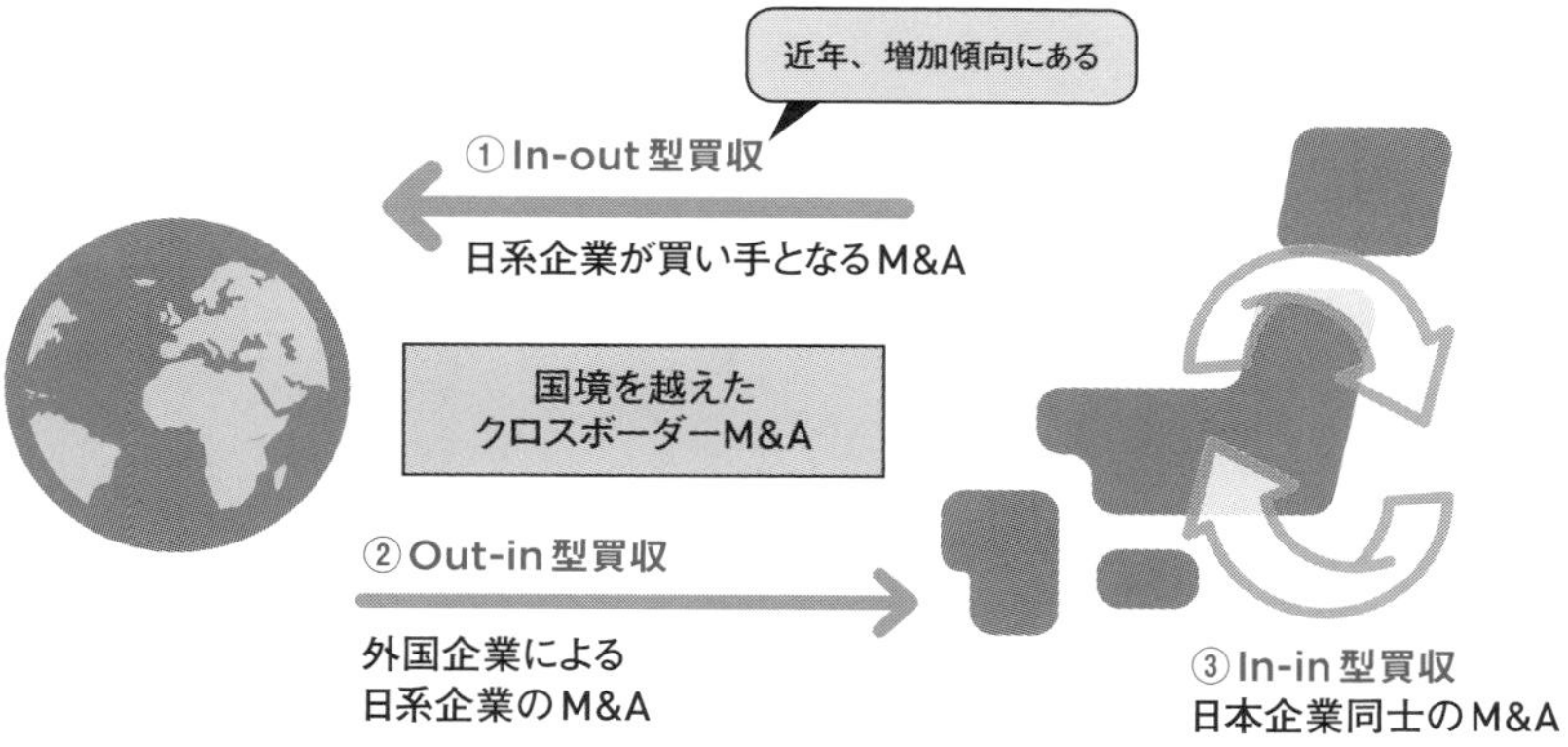

人、またはそのような任務に興味のある人に向けた入門書です。就職活動中の学生も、希望する会社がどのようなM&A戦略を持っているかを知ることは必須だと思いますので、ぜひ読んでいただきたいと思います。

● 本書の特徴と構成

過去の30年を通じてM&Aが日本企業に定着したと述べましたが、それは決して平たんな道ではなく、苦労の連続でした。特にクロスボーダーM&Aにおいてはそれが顕著で、多額の減損計上や、撤退を強いられた経験を持つ企業が少なくないのです。

本書では、大企業はもとより、中堅・中小企業でも今後はクロスボーダーM&Aを実行していかなくてはいけないという見地に立ち、いかにそれらを成功に導くかについて解説していきます。つまり本書は、海外進出を目指す日系企業の「買い手」としての目線で解説している点が最大の特徴です。

M&Aの教本はこれまでも数多く出版されてきました。入門書、実務に特化したもの、アカデミックなアプローチのものと多種多様ですが、内容としては、M&Aの方法論の解説、執行フローや手続きの説明、企業価値算定手法の紹介、会計・税務面からの考察などでどれも似通ったものとなっています。本書は、先述のように「買い手目線」に特化しているという特徴に加え、日系企業のこれまでのクロスボーダーM&Aが必ずしも成功していないという事実を明らかにしつつ、そのための対処法を解説している点で類書と大きく異なります。

なお、本書執筆時点において新型コロナウイルスが猛威を振るい、世界経済に大きな影響を与えています。これまでの日本のバブル崩壊、アジア通貨危機、リーマンショックなど大きな経済危機でも、その危機に触発されて必ずM&Aが発生し、産業再編が起こってきた経緯があります。**今後、コロナの危機をチャンスに変えるM&Aも間違いなく発生するでしょうし、本書がそのお役に立てることを願っております。**

それではまず第1章において、私たち日本人が過去30年間にどんなM&Aを経験してきたのか、企業の実例とともに振り返ることから始めましょう。

■ 本書の構成

第１章　時代の文脈とM&A

まず第１章において、過去の日本におけるM&Aの環境がどのようなものであったかを概観する。時代の文脈に合わせて、様々なM&Aが発生してきたことを確認しよう

第２章　M&Aにおける登場人物
第３章　M&Aのプロセスとアドバイザーの役割

第２章ではM&Aにおける売り手・買い手の動機を解説し、彼らのアドバイスを提供するアドバイザリー会社について概観する。続く第３章では、オークション形式での株式の売買を例に、売り手・買い手がどのように行動し、それぞれのアドバイザーがどのようなサポートを行うのか、その流れを押さえる

第４章　M&Aが失敗する理由

M&Aの流れを理解した上で、第４章ではM&Aが失敗する原因を解説。経済産業省はクロスボーダーM&Aにおいて失敗事例が多いことを危惧し、その原因調査を実施した。その報告書の内容も併せて説明する

第５章　M&A勝利の方程式

第４章をふまえて第５章では、いかにM&Aで成功するかについて「勝利の方程式」と題して解説。ウィッシュリストの活用やPMIの設計など、従来のM&A教本にはないアプローチを紹介する

第６章　ファンドという存在

昨今のM&Aにおいては、ファンドのプレゼンスが非常に大きくなっている。第６章では、様々なファンドの種類を説明し、特にPEファンドの活動についてケーススタディを交えて解説。また、近時のテクノロジーの発達を背景にしたスタートアップ企業の活動を例に、日本企業の事業創造力について考察する

第７章　「次世代ビジネス」と日本企業のM&A

テクノロジーの発達は産業の在り方にも大きな影響を与えている。第７章では特に注目すべきインダストリーの動向を解説し、その上で今後の日系企業のM&Aがどのような姿になっていくかを展望しよう

目次

第3章

M&Aのプロセスとアドバイザーの役割

第4章

M&Aが失敗する理由

第5章 Ｍ＆Ａ勝利の方程式

第6章 ファンドという存在

第7章

「次世代ビジネス」と日本企業のM&A

会員特典データのご案内

会員特典データは、以下のサイトから
ダウンロードして入手いただけます。

https://www.shoeisha.co.jp/
book/present/9784798165127

※会員特典データのダウンロードには、SHOEISHA iD（翔泳社が運営する無料の会員制度）への会員登録が必要です。詳しくは、Web サイトをご覧ください。
※会員特典データに関する権利は著者および株式会社翔泳社が所有しています。許可なく配布したり、Web サイトに転載することはできません。
※会員特典データの提供は予告なく終了することがあります。あらかじめご了承ください。

本書内容に関するお問い合わせについて

このたびは翔泳社の書籍をお買い上げいただき、誠にありがとうございます。弊社では、読者の皆様からのお問い合わせに適切に対応させていただくため、以下のガイドラインへのご協力をお願いいたしております。下記項目をお読みいただき、手順に従ってお問い合わせください。

●ご質問される前に

弊社 Web サイトの「正誤表」をご参照ください。これまでに判明した正誤や追加情報を掲載しています。

正誤表　https://www.shoeisha.co.jp/book/errata/

●ご質問方法

弊社 Web サイトの「刊行物 Q&A」をご利用ください。

刊行物 Q&A　https://www.shoeisha.co.jp/book/qa/

インターネットをご利用でない場合は、FAX または郵便にて、下記“翔泳社 愛読者サービスセンター”までお問い合わせください。

電話でのご質問は、お受けしておりません。

●回答について

回答は、ご質問いただいた手段によってご返事申し上げます。ご質問の内容によっては、回答に数日ないしはそれ以上の期間を要する場合があります。

●ご質問に際してのご注意

本書の対象を超えるもの、記述個所を特定されないもの、また読者固有の環境に起因するご質問等にはお答えできませんので、あらかじめご了承ください。

●郵便物送付先および FAX 番号

送付先住所 〒160-0006　東京都新宿区舟町5

FAX 番号 03-5362-3818

宛先（株）翔泳社 愛読者サービスセンター

※本書に記載されたURL等は予告なく変更される場合があります。

※本書の出版にあたっては正確な記述につとめましたが、著者や出版社などのいずれも、本書の内容に対してなんらかの保証をするものではなく、内容やサンプルに基づくいかなる運用結果に関してもいっさいの責任を負いません。

※本書に記載されている会社名、製品名はそれぞれ各社の商標および登録商標です。

※本書に記載されている情報は2020年7月執筆時点のものです。

第1章

時代の文脈とM&A

1 日本のM&A黎《れい》明《めい》期《き》：1980年代後半～

● 黎明期のM&Aは失敗の連続

1980年代半ば頃から、日本は株式や不動産などの資産価値が過度に高騰するバブル景気に沸いていました。カネ余りが顕著となり、それを原資にした海外での大型M&Aも発生しました。三菱地所によるロックフェラーセンター、ソニーによるコロンビア・ピクチャーズの買収などはその典型です。当時、車や家電製品の性能のよさで世界に認知され始めていた日本ですが、日本製品のプレゼンスが増すにつれ、アメリカとの間で経済摩擦が過熱していきました。そんな中でアメリカの魂ともいえるような企業の買収を行ったため、日本への反発は激しいものがありました。

当時の日本はM&Aの黎明期。まだPMI※の概念もなく、買収後の企業統合に助言できるアドバイザリー会社もない時代でした。**大金を投じて大型の買収をしたものの、買収先の海外企業をうまくマネージできず、苦い撤退を余儀なくされるような案件が相次ぎました。**ただしコロンビア・ピクチャーズは現在でもソニー・ピクチャーズ・エンタテインメントの傘下にあり、スパイダーマンや007シリーズなどのヒット作に恵まれています。

● 携帯電話の覇権を争うM&Aでも苦戦

またこの時代の大きな社会変化として、携帯電話の普及が挙げられます。NTTドコモが提供したi-モードサービスは大きな支持を受け、携帯電話が一気に普及しました。1990年代半ばになるとバブルが崩壊して、社会で様々な軋《きし》みがでてきましたが、その中で携帯ビジネスは大きな成長を遂げました。各国のテレコム会社は覇権を握るべく大規模なM&Aを展開し、当時のNTTグループも果敢なM&Aを仕掛けました。しかし買収後の経営においては苦戦を強いられ、撤退を余儀なくされた例もあったのです。

※Post Merger Integrationの略で、買収後の企業統合のこと。本書における最重要キーワード

■ Ｍ＆Ａ黎明期の案件事例

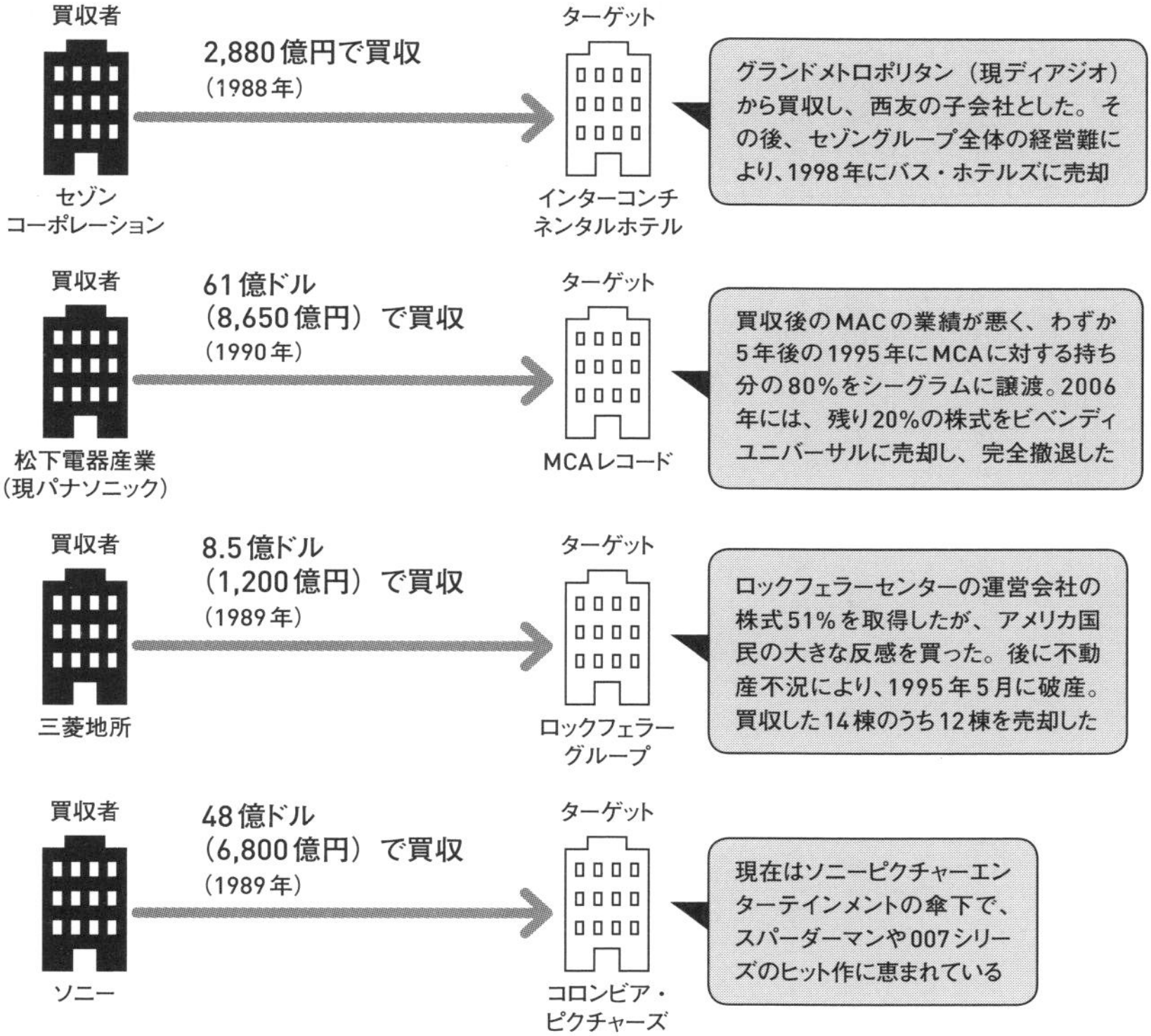
買収者
2,880億円で買収
(1988年)
ターゲット
セゾンコーポレーション
インターコンチネンタルホテル
グランドメトロポリタン（現ディアジオ）から買収し、西友の子会社とした。その後、セゾングループ全体の経営難により、1998年にバス・ホテルズに売却
買収者
61億ドル（8,650億円）で買収
(1990年)
ターゲット
松下電器産業（現パナソニック）
MCAレコード
買収後のMACの業績が悪く、わずか5年後の1995年にMCAに対する持ち分の80%をシーグラムに譲渡。2006年には、残り20%の株式をビベンディユニバーサルに売却し、完全撤退した
買収者
8.5億ドル（1,200億円）で買収
(1989年)
ターゲット
三菱地所
ロックフェラーグループ
ロックフェラーセンターの運営会社の株式51%を取得したが、アメリカ国民の大きな反感を買った。後に不動産不況により、1995年5月に破産。買収した14棟のうち12棟を売却した
買収者
48億ドル（6,800億円）で買収
(1989年)
ターゲット
ソニー
コロンビア・ピクチャーズ
現在はソニーピクチャーエンターテインメントの傘下で、スパーダーマンや007シリーズのヒット作に恵まれている

■ ＮＴＴグループも海外Ｍ＆Ａでは苦戦

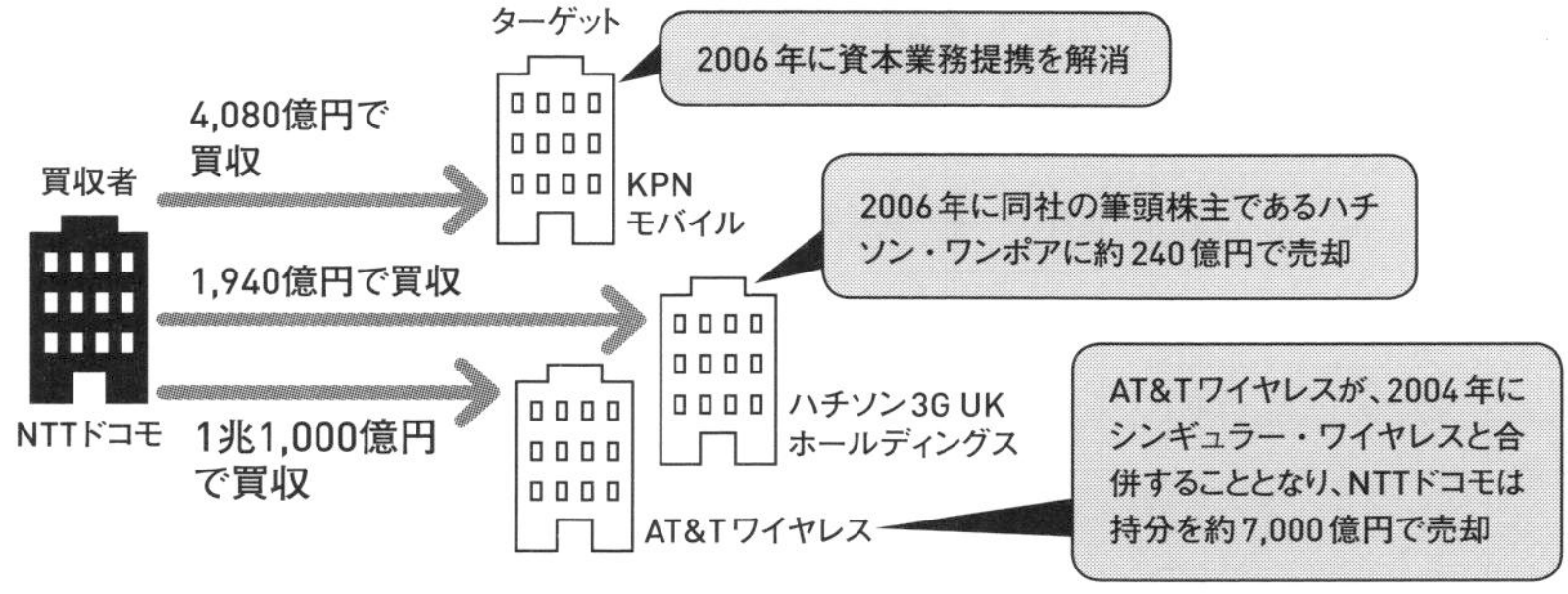
ターゲット
2006年に資本業務提携を解消
4,080億円で買収
KPNモバイル
買収者
NTTドコモ
2006年に同社の筆頭株主であるハチソン・ワンポアに約240億円で売却
1,940億円で買収
ハチソン3G UKホールディングス
1兆1,000億円で買収
AT&Tワイヤレス
AT&Tワイヤレスが、2004年にシンギュラー・ワイヤレスと合併することとなり、NTTドコモは持分を約7,000億円で売却

2 バブル崩壊による金融危機：１９９０年代後半〜

バブルが崩壊すると日本は未曽有の経済危機に突入していきます。株価も低迷し、多くの企業が倒産しました。

● 日本企業を買いあさるハゲタカファンドが襲来

その不良債権の増大から経営が圧迫され、破綻する金融機関も続出したのです。特に１９９７年〜１９９８年は、山一証券、北海道拓殖銀行、日本長期信用銀行、日本債券信用銀行という大手の金融機関が短い間に破綻・廃業、または国有化されるという異常事態となりました。このうち長銀と日債銀は、米系投資ファンドの傘下に入り、再建の道筋が与えられました。

このようなファンド（第６章）は、経営危機に陥った企業の株式を安く買いたたき、買収企業を再生や解体などした上で株式を高値で売り抜いて多額の売却益を手にすることから、**ハゲタカファンド**と呼ばれていました。実際、両行の債務超過を防ぐために多額の公的資金が投じられましたが、ファンドはこれらの銀行の株式を非常に安価で買い取り、後に再上場を果たして巨額の利益を得ました。国民感情を逆なでするかのような儲けぶりに多くの批判もでましたが、**これが再生型ファンドのビジネスモデル**だということを日本人は初めて学んだのです。

● 多発した金融機関の合併・統合

バブル崩壊により、金融機関は生き残りをかけた合従連衡（Ｍ＆Ａ）に奮闘しました。規模の追求のみならず、拠点・人員・システムの共有で大幅なコスト削減を行い、危機を乗り越えようとしたのです。不良債権と金融庁検査を忌避した問題からＵＦＪ銀行が経営危機に陥った際、東京三菱銀行（当時）と三井住友銀行が買収をめぐって激しい攻防を演じました。ドラマ顔負けの迫力で、世間の耳目を大いに集めたＭ＆Ａとなりました。

■ バブル崩壊で加速した金融機関の再編

金融機関再編の序章

1990年	三井銀行と太陽神戸銀行が合併して社名を太陽神戸三井銀行に変更。後にさくら銀行に名称変更
1991年	協和銀行と埼玉銀行が合併して社名を協和埼玉銀行に変更。のちにあさひ銀行に名称変更
1996年	三菱銀行と東京銀行が合併して社名を東京三菱銀行に変更

相次ぐ金融破綻

1997年11月	三洋証券が会社更生法の適用を申請
1997年11月	北海道拓殖銀行が経営破綻。北海道内事業を北洋銀行に譲渡
1998年10月	日本長期信用銀行が破産申請を行い国有化される。2000年に米ファンド・リップルウッドや他国の銀行らから成る投資組合に僅か10億円で売却される
1998年11月	山一証券が自主廃業を宣言して業務を停止。2005年に解散
1998年12月	日本債券信用銀行が金融再生法の適用を受け国有化される。後にソフトバンク・オリックス・東京海上の投資家連合に買収され、さらにその後投資ファンドのサーベラスが買収した
2000年10月	千代田生命・協栄生命が相次いで経営破綻。千代田は米AIGスター生命が、協栄はジブラルタ生命が事業を承継
2003年6月	自己資本比率の低下したりそな銀行に公的資金が倒産予備的に注入され、実質的に国有化された

生き残りをかけた合併・経営統合

2000年	第一勧業銀行、富士銀行、日本興業銀行が経営統合してみずほフィナンシャルグループを設立
2001年	住友銀行がさくら銀行と合併して三井住友銀行となる
2001年	三和銀行、東海銀行、東洋信託銀行が合併してUFJホールディングスを設立
2004年	東京海上火災保険と日動火災海上保険が合併して東京海上日動火災保険に社名変更
2004年	明治生命保険と安田生命保険が合併して明治安田生命保険に社名変更
2004年	住友信託銀行がUFJ信託銀行の買収を発表するも、UFJが白紙撤回し、三菱信託銀行への売却を決める。後に訴訟となり三菱から住友側への和解金の支払いがなされる
2006年	東京三菱銀行がUFJ銀行との経営統合を発表すると、三井住友銀行が対抗の統合案を提示。両行による取り合いの後に、UFJが東京三菱との合併に合意し三菱東京UFJ銀行が発足

3

バブル崩壊と小売産業の再編：２０００年代

● 小売業界の業績が悪化した2つの要因

バブル景気による資産価値の上昇は、消費者の購買力を増大させました。ブランド品が飛ぶように売れ、リゾート地への旅行や高級レストランでの食事などがもてはやされました。その中心となったのが小売産業です。業界の成長に呼応するように、そごうは積極的な店舗展開を行い、ダイエーはホテルやプロ野球球団運営などに事業を多角化し、西武は子会社を通じてリゾート開発に注力しました。これらはカネ余りの銀行からの融資でまかなわれていましたが、**バブル崩壊で担保価値が大幅に下落し、また本業の収益力が下がることで融資の返済原資の不足が顕在化するなどして、金融業とパラレルに業績悪化の道をたどった**のです。

２０００年頃になると、ユニクロやヤマダ電機のように、特定のカテゴリーに特化した新たな業態が登場し、急速に成長しました。またコンビニは１９９０年から２０００年の間に店舗数が2万店から4万店に倍増するなど※、消費者の日常購買の場としてのポジションを確立してきました。加えて消費者の嗜好《しこう》も多様化し、何でも揃う百貨店やＧＭＳ※※のはずが、**「ほしいものが何もない場所」と消費者からの支持を失ってしまった**のです。

● 小売業界の再編がもたらしたもの

このような業界環境の激変を受けて、多くのＭ&Ａが発生し、またそれに玉突きされるようにプロ野球の再編も発生したのです。ダイエー・近鉄という従来型産業のオーナーから、ソフトバンク・楽天という新興企業オーナーへのスイッチは、まさに時代を象徴したものといえるでしょう。小売業は目下Ｅコマースの比率が上がるなど、引き続き大きな変化の過程にあります。国内の人口減少の影響を最も受ける業界だけに、今後もさらなる再編が発生すると考えられます。

※http://frequ2156.blog.fc2.com/blog-entry-106.html

※※General Merchandising Store（総合スーパー）

■ バブル崩壊後の小売産業の再編

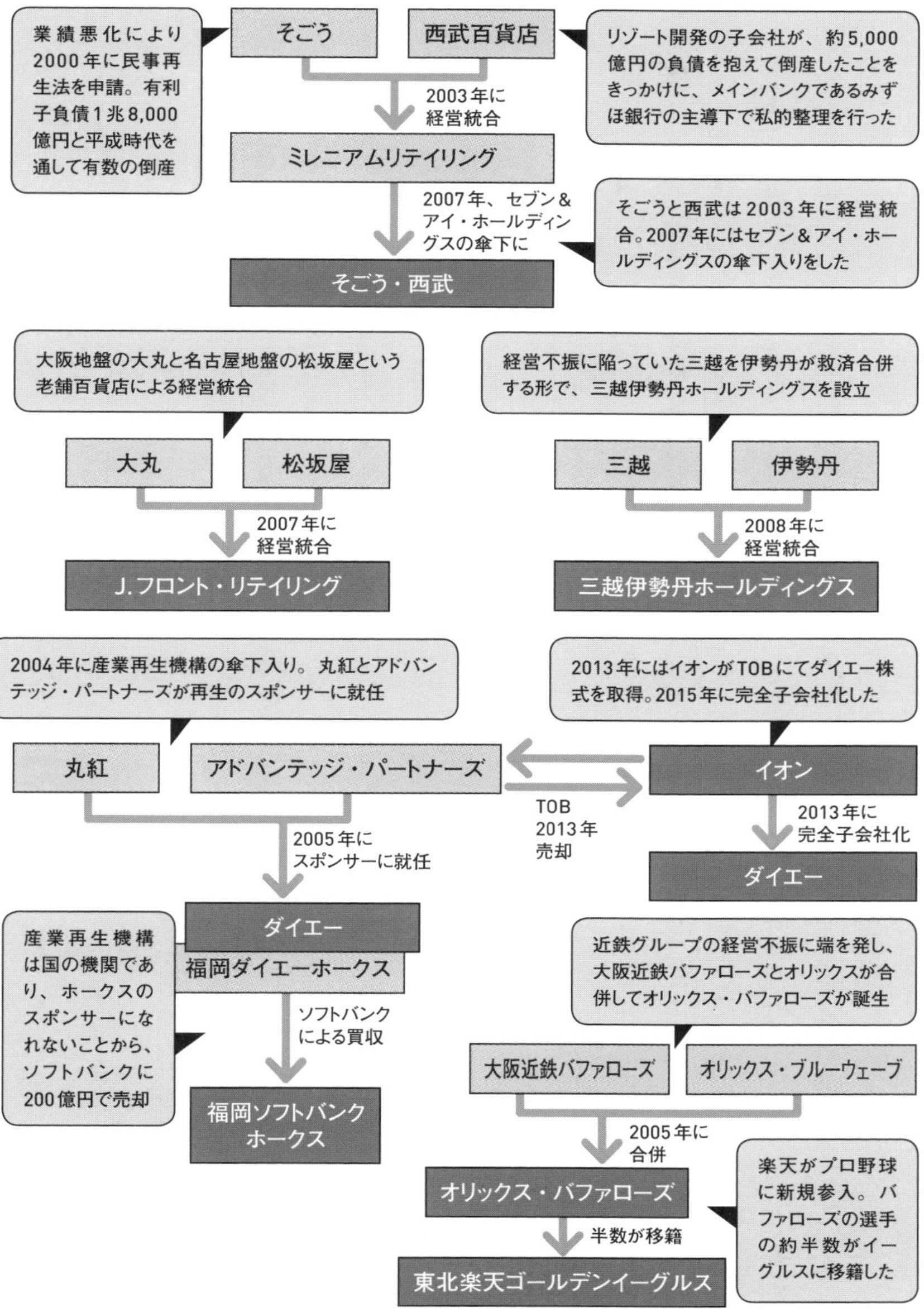
業績悪化により2000年に民事再生法を申請。有利子負債1兆8,000億円と平成時代を通して有数の倒産
そごう
西武百貨店
リゾート開発の子会社が、約5,000億円の負債を抱えて倒産したことをきっかけに、メインバンクであるみずほ銀行の主導下で私的整理を行った
2003年に経営統合
ミレニアムリテイリング
2007年、セブン&アイ・ホールディングスの傘下に
そごうと西武は2003年に経営統合。2007年にはセブン&アイ・ホールディングスの傘下入りをした
そごう・西武
大阪地盤の大丸と名古屋地盤の松坂屋という老舗百貨店による経営統合
大丸
松坂屋
2007年に経営統合
J.フロント・リテイリング
経営不振に陥っていた三越を伊勢丹が救済合併する形で、三越伊勢丹ホールディングスを設立
三越
伊勢丹
2008年に経営統合
三越伊勢丹ホールディングス
2004年に産業再生機構の傘下入り。丸紅とアドバンテッジ・パートナーズが再生のスポンサーに就任
丸紅
アドバンテッジ・パートナーズ
2005年にスポンサーに就任
2013年にはイオンがTOBにてダイエー株式を取得。2015年に完全子会社化した
イオン
TOB
2013年売却
2013年に完全子会社化
ダイエー
ダイエー
福岡ダイエーホークス
産業再生機構は国の機関であり、ホークスのスポンサーになれないことから、ソフトバンクに200億円で売却
ソフトバンクによる買収
福岡ソフトバンクホークス
近鉄グループの経営不振に端を発し、大阪近鉄バファローズとオリックスが合併してオリックス・バファローズが誕生
大阪近鉄バファローズ
オリックス・ブルーウェーブ
2005年に合併
オリックス・バファローズ
楽天がプロ野球に新規参入。バファローズの選手の約半数がイーグルスに移籍した
半数が移籍
東北楽天ゴールデンイーグルス

4

アクティビストの登場と敵対的アプローチの時代：２０００年代

●「物言う株主」アクティビストファンド

バブル崩壊により日本企業の株価が低迷すると、安値で上場株を購入しようとするファンドが登場してきました。とりわけ**アクティビストファンド**の登場は、これまでの日系企業が経験しなかったような厳しい株主提案をする点で、当時の経営陣に非常に高い緊張感をもたらしました。バブル景気の頃は、業績も株価も右肩上がりでしたので、企業経営に多少の非効率な面があっても、それが業績・株価に深刻な影響を与えることはありませんでした。ところがバブル崩壊後の危機的な状況下では、**限りある資源をどう配分して利益の最大化を図るべきか、厳しく問われるようになった**のです。特に現金を過剰に保有しながら新規投資や配当を行わなかったり、多くの遊休不動産を持っていたりするような企業経営者に対し、アクティビストファンドはその改善を強力に要請したのです。

●「敵対的アプローチ」がもたらしたもの

資本の力を前面に出した敵対的アプローチもこの時期に特徴的なものです。村上ファンドの村上氏、ライブドアの堀江氏、楽天の三木谷氏の名前が連日報じられていました。敵対的アプローチに対する買収防衛策が盛んに講じられる一方、「会社は誰のものか」という議論が盛んになされた時期でもありました。

この時代の最大の教訓としては、とにかく企業価値・株主価値の向上を図るということであり、アクティビストに付け込まれるような隙のある経営を行わないということでした。そんな中で、ＭＢＯで上場廃止をする動きもでてきました。究極の買収防衛策でありますが、上場している意義を考える機運も生まれたのです。ただしＭＢＯの裏側にはＰＥファンドが資金提供をしているケースが多く、ここでもファンドの存在感が大きくなってきたのです。

■ 当時の代表的なアクティビストファンドと敵対的なアプローチ

時期	対象会社	概要
2002年以降	村上ファンド	村上ファンドは、元通商産業省官僚の村上世彰氏を中心とする投資ファンドで、「物言う株主」の代表格。2002年頃から投資活動を始め、企業の非効率な経営や配当政策に対して厳しい株主提案をしてきた。投資先は東京スタイル、ニッポン放送、阪神電気鉄道、阪神百貨店など多岐にわたる。阪神グループは後に阪急ホールディングスと経営統合を行うが、そのきっかけは村上ファンドによる株式の取得とされる
2003年以降	スティール・パートナーズ	ウォーレン・リヒテンシュタイン氏が率いる投資ファンドで、発足は1993年。2003年にソトーおよびユシロ化学工業に対して敵対的な株式公開買付け（TOB）を仕掛け、一躍注目された。その他の投資先は、サッポロホールディングス、明星食品、ブルドックソースなど。明星食品に対するTOBに対し、日清食品がホワイトナイトとして救済TOBを実施。明星は日清の傘下に入った。ブルドックソースは、TOBに対抗して新株予約権の割り当てを軸とする防衛策をとった。両社は対立を深めて東京高裁まで争ったが、高裁はブルドックソース側の対抗策を正当なものとして認め、逆にスティールについては転売による利益確保を目的として株を購入する「濫用（らんよう）的買収者」であると認定した
2005年	楽天によるTBSへの敵対的アプローチ	楽天グループがTBS（現：東京放送ホールディングス）の株式19%を取得。筆頭株主として、インターネットと放送の融合を図り、新たなメディアビジネスを目指すとした。TBS側はこれに反発し、毎日放送や電通などに株式取得を求め対立状態となった。この間、村上ファンドも一時TBSの株式7.4%を保有した。結局はTBSが買収不可能な放送持株会社に移行したために、楽天は「反対株主の株式買取請求権」を行使して全株式を売却し、TBSからExitすることで決着した

■ 当時の代表的なMBO

時期	対象会社	金額	概要
2003年	ポッカ	230億円	アドバンテッジパートナーズが実施したTOBによりMBOが成立。ポッカはアドバンテッジの全額出資子会社になり上場廃止となった
2004年	ベルシステム24	1,600億円	MBOにより日興プリンシパル・インベストメンツ（現・シティグループ・キャピタル・パートナーズ）の傘下となった。2009年に米ベイン・キャピタルに転売された
2006年	すかいらーく	2,700億円	創業家である横川家を中心としたMBOを行い、非上場化。野村プリンシパル・インベストメンツがサポート

5 電器・電子産業の衰退：2010年〜

● **中国・台湾企業の躍進がもたらした業界衰退**

1990年代、家電の製造販売において日本企業は世界をリードしていました。AV機器、白物家電、空調機器など、性能がよくて壊れない日本製品は世界の市場を席巻していました。しかし2000年代になるとこれらの製品はコモディティ化し、付加価値をつけづらくなってきました。一方、当時の中国企業は、日本企業と遜色のない技術力を持つまでに成長し、安価な人件費をテコに、高品質・低価格の製品で世界市場に乗り込んできたのです。

中国企業の圧倒的な存在感に日本企業は苦戦を強いられ、生き残りをかけた様々なM&Aが発生しました。老舗の三洋電機は家電最大手のパナソニックの傘下となりましたが、東芝は家電事業を中国企業に売却し、シャープは台湾企業の傘下に入るなど、この時期に発生したM&Aは、家電産業における日本企業の衰退と中国・台湾企業の躍進を如実に物語っているのです。

● **同じく国際競争力を失った半導体**

半導体も日本が世界をリードした産業です。しかし、**半導体製造においても、韓国・台湾の企業が着実に力をつけつつありました。**2000年代中盤以降は急激に円高が進行し、民主党政権下の2011年には1ドル76円を記録するなど、日本の製造業には非常に困難な時代となりました。半導体業界においては、DRAM※価格の暴落も加わり、ルネサスやエルピーダという日本を代表する半導体メーカーも、大規模なリストラ、資本増強、更生法の適用などから逃れられなかったのです。

このように2010年代に入ると、日本の産業が過去の競争優位を失う中で次に何を模索すべきかを業界に問う時代となったのです。

※半導体メモリの一種

■ 中国・台湾企業による日本企業の買収（電器・家電業界）

時期	買収者	ターゲット	金額	概要
2011年	パナソニック	三洋電機	2,600億円 ＋1,800億円	経営不振となった三洋電機をパナソニックが買収。TOBにて株式の86%を取得し（2,600億円相当）、後に残った少数株主が持つ三洋株式とパナソニック株式を交換することで（1,800億円相当）完全子会社化した
2016年	鴻海精密工業 （台湾）	シャープ	3,880億円	経営不振に陥ったシャープを、台湾の鴻海精密工業が買収。シャープは当初、産業革新機構からの出資を受け入れる方針だったが、支援額を上積みした鴻海案を採用した
2016年	美的集団 （中国）	東芝 （家庭電器事業）	537億円	東芝は白物家電事業を中国の美的集団に売却。現在は美的の傘下で、東芝ライフスタイルの社名にて事業を継続
2017年	青島海信電器 （中国）	東芝 （東芝映像 ソリューション）	129億円	東芝が、テレビの製造販売を手掛ける東芝映像ソリューションの発行済み株式の95%を、中国のハイセンスグループの中核事業会社・青島海信電器に譲渡
2010年 ～2012年	投資家集団 （産業革新機構、 トヨタ、 パナソニック、 キヤノンなど 9社）	NEC エレクトロニクス ＋ルネサス テクノロジ ↓ ルネサス エレクトロニクス	2,000億円 ＋1,500億円	NEC傘下のNECエレクトロニクスと、三菱電機と日立製作所の合弁であるルネサステクノロジが経営統合。存続会社はルネサスエレクトロニクスとして、親会社などから2,000億円の増資を引き受けた。しかしその後さらに業績が悪化し、産業革新機構やトヨタなどからなる投資家集団から1,500億円の増資を受けた
2011年 ～2013年	マイクロン テクノロジー （アメリカ）	エルピーダ メモリー	2,000億円	業績悪化により、2011年に会社更生法を申請。後に米マイクロン・テクノロジがスポンサーとして名乗りを上げ傘下に収めた

6 リーマンショックを経てグローバルリーチへ：2008年〜

2000年代の後半に、未曽有の金融危機が世界を襲いました。リーマンショックです。2000年代半ば頃から、アメリカでは住宅市場が空前の好況となりバブル状態となっていました。低所得者層にも過剰なローン供給がなされ、それらは低格付けのサブプライムローンとして証券化され、世界中の投資家に販売されていたのです。2007年にバブルがはじけると、サブプライムローンはもとより、様々な金融商品の価値が暴落。2008年9月には大手投資銀行のリーマン・ブラザーズが経営破綻しました。これに端を発して、連鎖的に世界規模の金融危機が発生した事象がリーマンショックです。

●リーマンショックを追い風にした日系企業

欧米の金融機関や事業会社は財務状況が悪化し、株価も大きく下落しました。2000年代も後半になると、バブルで痛手を負った日系企業も業績向上・財務体質改善が進んできました。**リーマンショックは、そのような日系企業に対して欧米の大企業を買収・出資する千載一遇の機会を提供した**のです。

最も代表的な例は三菱UFJフィナンシャル・グループでしょう。リーマン・ブラザーズの二の舞になる可能性のあったモルガンスタンレーに電光石火の速さで巨額の資金援助を行い、筆頭株主となりました。平時であればとてもかなうことのない投資機会です。現在でも2社は日米双方でのプレゼンスの大きさを最大限に活かし、業務上のシナジーを享受しています。

他にも左の図のように、大型のM&A案件が成立しました。中には1兆円を超える大規模なM&A（**メガディール**）もありました。しかし、買収先の企業価値を上げてこそM&Aの成功といえます。その意味で、これら大型クロスボーダーM&AのPMIの行方をしっかり注視しなくてはなりません。

■ リーマンショック後に日系企業が手掛けたM&A事例

時期	買収者	ターゲット	金額	概要
2008年	三菱UFJ フィナンシャル・グループ	モルガン・スタンレー	90億ドル（約9,900億円）	MUFGがモルガン・スタンレーの転換型優先株78億ドル、償還型優先株12億ドルを引き受けた。将来転換した際に、議決権の21%を取得して筆頭株主になる計画
2008年	野村ホールディングス	リーマン・ブラザーズ	240億円＋2ドル	リーマン・ブラザーズの「アジア・太平洋部門」「欧州・中東部門」の両部門を買収。前者の金額は約240億円、後者はわずか2ドル
2011年	武田薬品工業	ナイコメッド	1兆3,600億円	欧州や新興国の販路を確保することが目的で、武田薬品工業の進出国が28か国から70か国以上に一挙に拡大した
2013年	三菱東京UFJ銀行（MUFG）	アユタヤ銀行	5,200億円	アユタヤ銀行は資金量5位のタイの商業銀行。オークションで、三菱東京UFJ銀行がCIMB（マレーシア）に競り勝って買収した
2014年	サントリー	ビーム	1兆3,900億円	「ジムビーム」「メーカーズ・マーク」など多様な酒類を生産する米ビームを買収。これによりスピリッツ（蒸留酒）の生産量で世界10位から3位へと飛躍
2015年	東京海上日動火災保険	HCC インシュアランス・ホールディングス	9,300億円	この買収により、東京海上のグループ全体に占める海外保険事業の割合は38%から46%に拡大した
2015年	第一生命保険	プロテクティブ・ライフ	5,700億円	高い成長が見込まれる世界最大のアメリカ市場でのプレゼンス確立のために買収。優秀な経営陣を要し、堅実経営かつ高い利益率が評価された
2015年	日本郵政	トール・ホールディングス	5,000億円	トールは、大手の総合物流業者。この買収により、日本郵政は世界50か国超・1,200拠点を結ぶグローバルロジスティクスネットワークを獲得
2016年	ソフトバンク	アーム・ホールディングス	3兆2,000億円	アームのチップは、スマホやタブレット市場において85%以上のシェアを持つ。この買収により、ソフトバンクは、キャリアに加えてモバイルコンピューティングビジネスにかかわる体制をより強固なものとした
2016年	JT日本たばこ	レイノルズ・アメリカン（アメリカ国外のたばこ事業）	5,000億円	たばこブランド「ナチュラル・アメリカン・スピリット」の、アメリカ国外での事業を買収。日本や欧州で若者を中心に人気があるブランドを傘下に収めることで、グローバルでの成長を加速させることが狙い
2016年	三井住友海上火災保険	アムリン	5,200億円	アムリンはロイズ市場で第2位の保険会社。三井住友海上火災保険が手薄な欧米中心の事業基盤であるため、この買収で地理的な拡大が図れた
2016年	明治安田生命保険相互会社	スタンコープ・ファイナンシャル・グループ	4,900億円	団体保険分野で全米トップクラスの老舗の買収により、海外保険事業の規模・収益の拡大と、事業ポートフォリオの多様化を図った
2018年	武田薬品工業	シャイアー	6兆8,000億円	武田薬品工業はがん・消化器・精神神経の領域に強みを持つが、シャイアーは免疫疾患・血友病などの領域に強みを持つため、買収によって事業ポートフォリオの拡大が可能になった

7 今後のM&Aの方向性予測

●日系企業の海外M&Aが加速する

「はじめに」でも述べたように、日系企業はとにかく海外市場を攻めていかなくてはなりません。その意味で、リーマンショックによって、一部の日系企業がグローバルリーチを築くことができたのは、今後の競争力を維持する点で非常に意義深いことだと思います。

さて「海外市場を攻める」という場合、どこに注目したらよいのでしょうか？　歴史的に見ると、日系企業は北米・欧州でのM&Aを好む傾向がありました。市場と企業の規模が大きい、法整備が整っている、コンプライアンス意識も高くて安心、M&Aの情報が多い、などの理由が考えられます。ただ、左上の図が示すように、これらの市場は成熟しており、今後、高い成長率は期待できません。

●M&Aが意味を持つ市場はどこか？

一方、新興市場は先進国市場より高い国内総生産（GDP）の成長率が見込まれているのです。日々、豊かになっていく市場だといえます。

また左下の図はアセアンの人口動態予測です。アセアンは全体で6億人を超す巨大な経済圏で、今後も人口の増加が見込まれています。中でもインドネシアは、人口が3億人超とアメリカ並みの巨大市場に成長すると予想されています。このように、**所得と人口がともに成長するような市場に攻めていく**ことは戦略上非常に重要です。その意味でアセアンは、距離的にも近くて時差もないため、進出を検討するにはうってつけの新興市場といえ、M&Aも増加していくでしょう。

ただし**新興国では、経済活動に対する政権の関与が大きい、法整備が進んでいない、現地企業のデータベースが未整備など、先進国にはない難しさがあります**。その難しさをどのように克服するかについても、本書の後段で説明していきたいと思います。

■ 世界のGDP成長率

GDP成長率	2018	推計 2019	予測 2020	予測 2021
世界平均	3.6	2.9	-4.9	5.4
先進国・地域	2.2	1.7	-8.0	4.5
アメリカ	2.9	2.3	-8.0	4.5
ユーロ圏	1.9	1.2	-10.2	6.0
イギリス	1.3	1.3	-10.2	6.3
日本	0.3	1.0	-5.8	2.4
新興市場国と発展途上国	4.5	3.7	-3.0	5.9
アジアの新興市場国と発展途上国	6.4	5.6	-0.8	7.4
アセアンの5か国（※）	5.2	4.7	-2.0	6.2
インド	6.8	4.8	-4.5	6.0
中国	6.6	6.1	1.0	8.2
ヨーロッパの新興市場国と発展途上国	3.1	1.8	-5.8	4.3
その他低所得途上国	5.0	5.0	-1.0	5.2

先進国の成長が鈍化する一方で新興国の成長が見込まれる

出所：国際通貨基金（IMF）2020年6月「世界経済見通し（WEO）改訂見通し」
https://www.imf.org/ja/Publications/WEO/Issues/2020/06/24/WEOUpdateJune2020
（※）インドネシア、マレーシア、フィリピン、タイ、ベトナム

■ アセアン主要人口予測

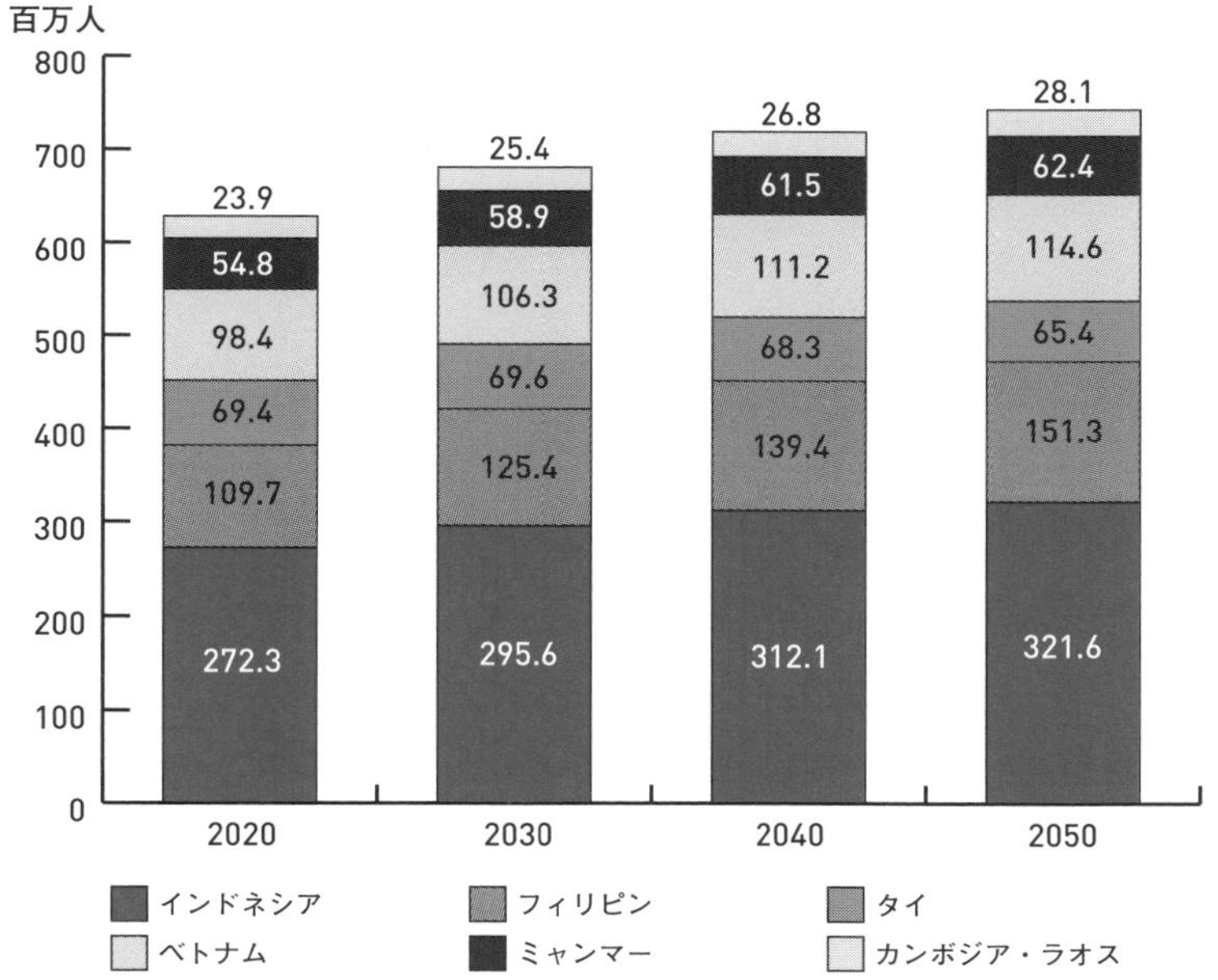

データ出所：Wodlmeters　http://www.worldometers.info/world-population/#table-forecast

Summary

この章では駆け足で過去のM&Aをたどってきました。バブルのピークの頃からカバーしていますので、ちょうど平成という時代に起こった大きな流れを捉えたことになります。

バブル期には、カネ余りから「アメリカの魂」を買収してバッシングを受けました。しかしPMIの概念・スキルを有しない時代でしたから、買収後の企業統合に失敗したものが大宗を占めます。バブルの崩壊では国内の金融危機に喘《あえ》ぎ、それに玉突きされる形で小売業やプロ野球の再編が起こりました。またファンドビジネスが定着し、敵対的アプローチを、目の当たりにして企業価値向上の何たるかを考える機運が醸成されました。そしてリーマンショックで世界がシュリンクしたことを契機に、バブルから復活した日系企業がグローバルリーチを実現する例が顕著になってきました。輪廻《りんね》転生ではありませんが、時代の要請にもとづき、我々は様々なM&Aを経験してきたのです。そしてこれから日本市場の大規模な縮小を所与として、クロスボーダーM&Aをこれまで以上に活用して、成長戦略を描いていく必要があるのです。

さて第2章では、M&Aの基礎知識として、売り手、買い手、アドバイザーという主要登場人物にスポットをあてます。それぞれがどんな動機を持って売買が行われるのか、その際に売買の対象となる資産は何か、売買の方法は何かなどについて解説します。その上で、M&Aに助言を与えてくれるアドバイザリー会社にどのようなものがあるのかも説明します。あなたの会社が今後クロスボーダーM&Aでの成長戦略を描く際に、どのような先をアドバイザーにしたらよいかの参考になるでしょう。

第2章

M&Aにおける登場人物

1

M&Aにおける売り手と買い手

● M&Aとは？

まず本書においてM&Aが何を意味するかについて定義しておきたいと思います。**M&A**のMはMerger、AはAcquisitionのことで、それぞれ合併、買収という意味です。第1章2節におけるみずほ銀行や三菱東京UFJ銀行の誕生はMergerの、それから第1章5節における鴻海によるシャープの買収はAcquisitionの典型例です。シャープの例では、鴻海に経営権が移行していますが、**対象企業の株式の過半数以上を取得することを買収と呼ぶ**ことが一般的です。これ以外にも、M&Aにおいて売買の対象となるものは、過半数未満の株式、優先株や債権、一部または全部の事業（営業権を含む）などです。また土地や工場のような企業に帰属する資産も対象になります。

また、異なる企業や投資家（出資者）によって新しい合弁事業を立ち上げることもあります。合弁事業は**ジョイントベンチャー**（JV）とも呼ばれ、M&Aとは区別されることが多いのですが、本書ではM&Aという言葉が定義するものに含めて議論の対象とします。

● M&Aにおける売り手と買い手

M&Aにおける売却対象は、先述のように株式、一部または全部の事業、企業に帰属する資産などです。したがって、それぞれの場合において「売り手」は左の図のように、株主であり、事業や資産を持つ企業そのものになります。

また買い手は、売却対象物に興味を持つ企業・ファンド・個人などです。M&Aの場合、値段がかさみますので個人投資家が前面にでることは少ないですが、数千億円の資金で、積極的にM&Aを行っている「超」がつくような富裕層も欧米やアセアンには存在します。ただ**一般的に、買い手は事業会社かファンドだといえます**。

■ M&Aにおける様々な売買対象物

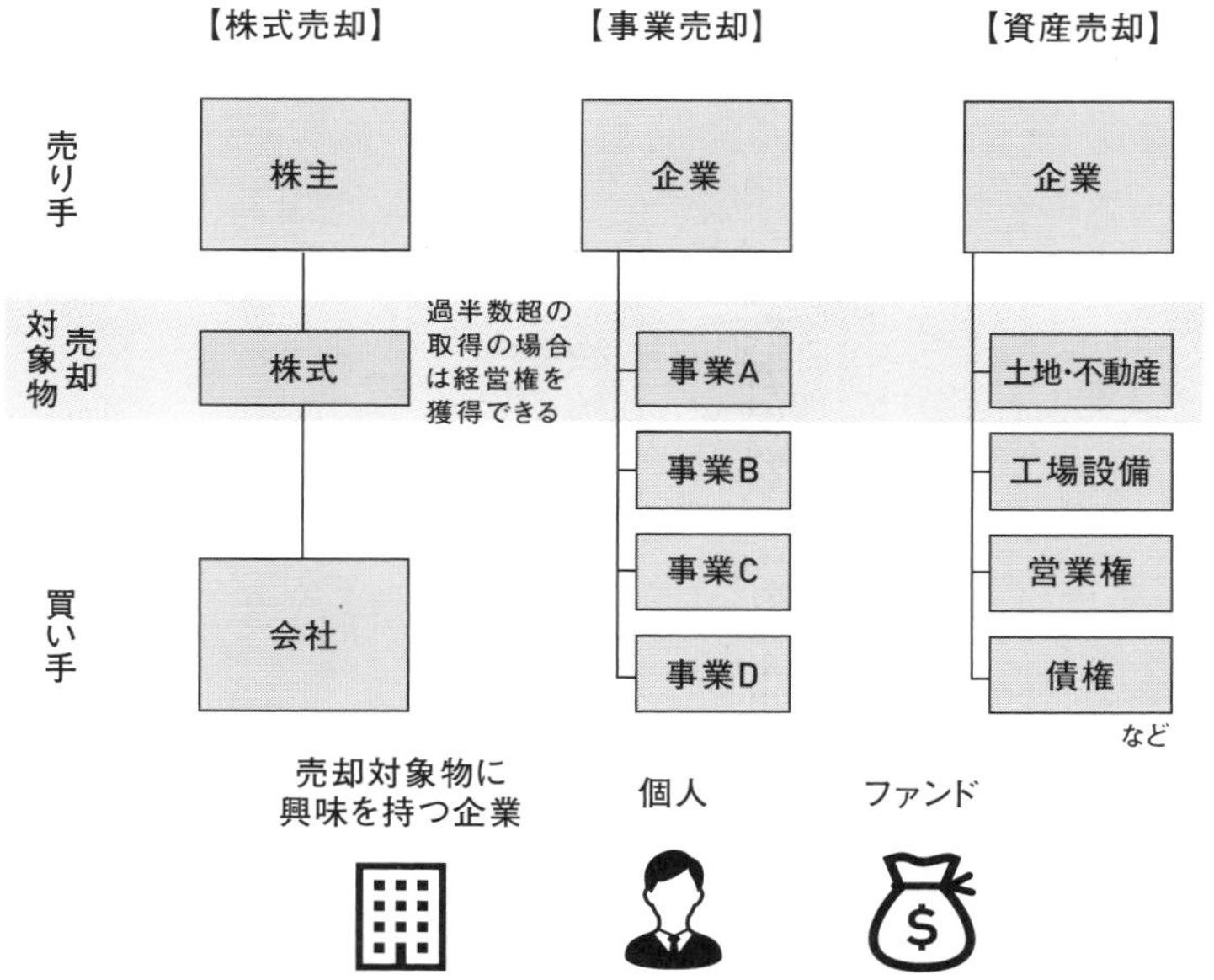

■ ジョイントベンチャー(JV)

複数の事業者や投資家が資金や資産を持ち寄って、
新しい事業体を形成する行為

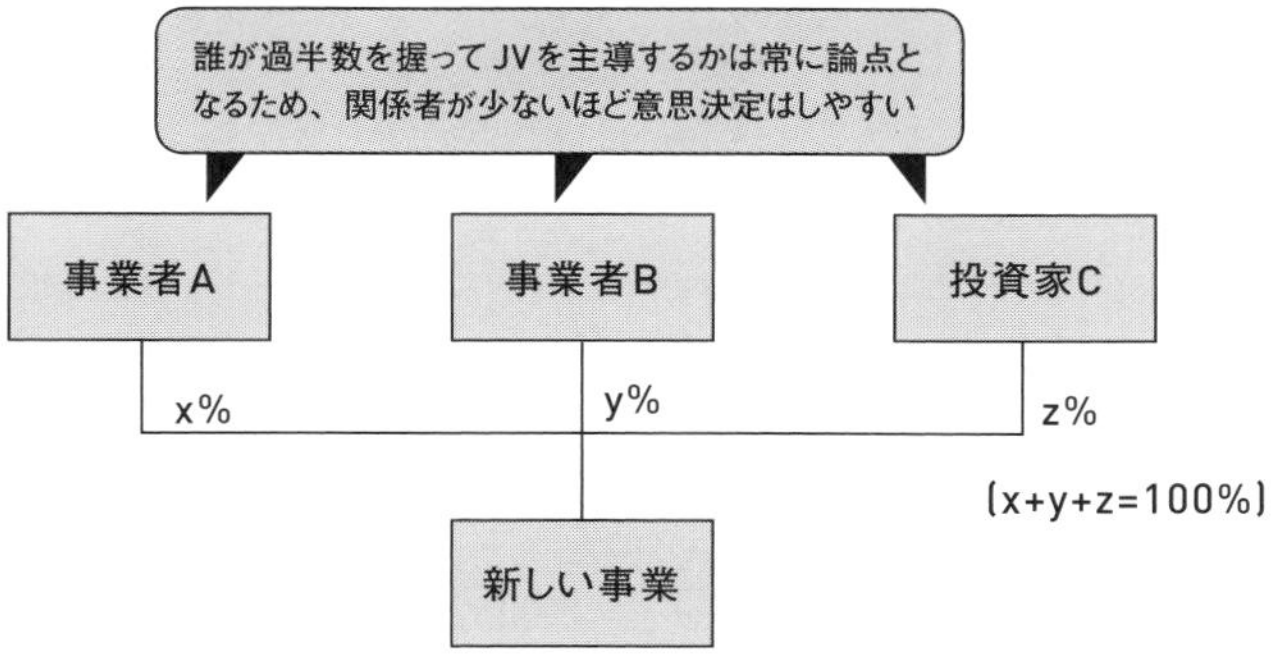

2 売り手の動機

● 投資の回収

M&Aにおける売却の動機の1つは、投資の回収です。保有している株式や資産の価値が購入時より上昇し、期待リターンに達したならば、投資家はこれを手放して利益を確定したいと思うでしょう。第6章でファンドについて詳述しますが、ファンドが投資先の株式を売却したり、IPOで再上場する行動はその典型です。日本では、企業の大株主がリターン目的で保有株式を売却する例は多くありませんが、**欧米やアジアにおいてはよく見られる取引です**。

● リストラクチャリング（企業再構築）

株主や企業に何らかの債務の返済義務が生じ、リストラクチャリング（リストラ）の一環として売却をせざるを得ないこともあります。リストラの場合、債務の返済が最優先されますので、値段がつく優良な株式・事業・資産を売却せねばなりません。売り手にとっては苦渋の選択です。また、**赤字となっている不採算事業や、稼働していない資産を売却することもあります**。これらにより赤字を食い止め、資産効率を上げることができますが、赤字事業には値段がつきにくく、そもそも「売り物」にならないリスクもあります。

● 選択と集中

最近の企業経営においては、企業の資源を注力分野に集中し、不必要にバランスシートを膨らませないことが求められます。赤字ではなくても採算性の低い事業や不要な資産（**ノンコア事業・ノンコアアセット**）を売却し、得た資金を注力分野への投資にまわします。「選択と集中」という言葉がよく使われますが、このような企業方針にもとづき、ノンコア事業・資産の売却を行うのです。

このように**売却の動機は大きく、投資回収、リストラ上の要請、選択と集中に分けられます**。

■ 売り手の動機

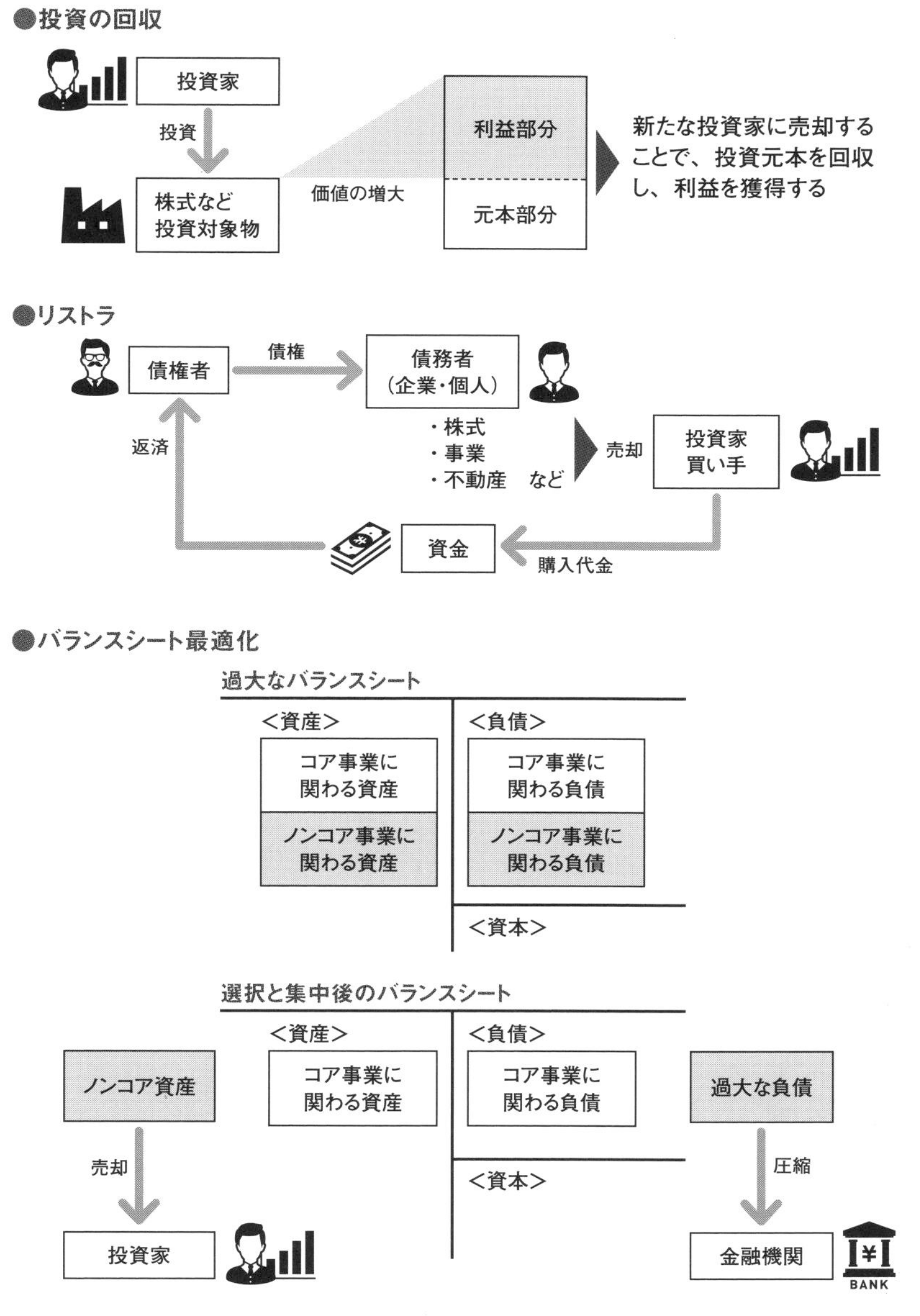
●投資の回収
投資家
投資
株式など
投資対象物
価値の増大
利益部分
元本部分
新たな投資家に売却することで、投資元本を回収し、利益を獲得する
●リストラ
債権者
債権
債務者
（企業・個人）
・株式
・事業
・不動産　など
売却
投資家
買い手
返済
資金
購入代金
●バランスシート最適化
過大なバランスシート
＜資産＞
コア事業に
関わる資産
ノンコア事業に
関わる資産
＜負債＞
コア事業に
関わる負債
ノンコア事業に
関わる負債
＜資本＞
選択と集中後のバランスシート
＜資産＞
ノンコア資産
コア事業に
関わる資産
売却
投資家
＜負債＞
コア事業に
関わる負債
過大な負債
圧縮
金融機関
＜資本＞
BANK

3 買い手の動機

●企業価値・株主価値の最大化

事業会社の場合、売上の増大とコストの削減を図りながら利益を最大化し、ひいては企業価値・株主価値を最大化することを目指しています。売上増大に関係する直接的な施策は、新たな製品・ブランドの獲得、海外市場での顧客獲得、それらを通じたグローバルでのマーケットシェアの向上などです。また間接的な施策として、研究開発パイプラインの獲得や優秀な人材の囲い込み、というのもあるでしょう。これらを実現するような買収や出資、資産取得の機会があれば、それらは買い手にとっての強い動機になります。

またコスト削減の直接的な施策としては、人件費の削減、IT投資の削減などが代表例です。銀行の合併においてよく見られますが、2行でそれぞれが運用していたITシステムを片方に集約したり、同じ町で重複している支店を統廃合したりすることで、大きなコストダウンを図ることができます。また買収先と仕入れルートを揃えたり、倉庫を共同運営したりする業務オペレーションの効率化でコストを削減することもできます。コストの大幅削減ができる投資機会も、買い手にとっては魅力的なのです。

●ファンドの目線

ファンドの場合、出資者へ高い投資リターンを提供することを目的としています。したがって、買収した後にいかにして企業価値の向上を図り、そしてその結果としてどのくらい高く売り抜けられるかが重要になります。先述のように、企業価値の向上には大きく分けて、売上の増大とコストの削減の2つのアプローチがありますが、**コスト削減のほうが短時間で成果を出しやすい**という特徴があります。したがって、ターゲットにいかにリストラ余地があるかが、ファンドにとって重要なポイントになります。

■ 企業価値の構成要素：有利子負債と株主価値

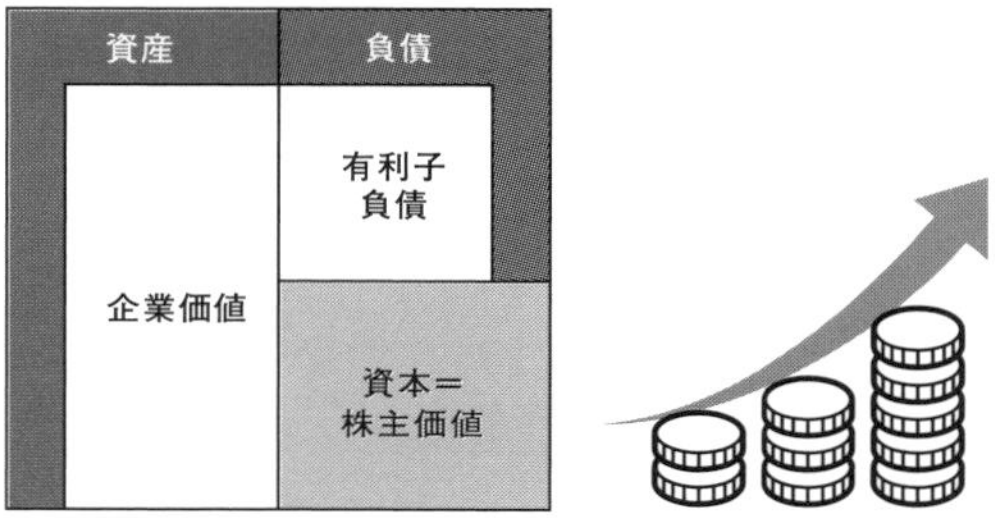

バランスシートにおける、
資産、企業価値、負債、資本の関係

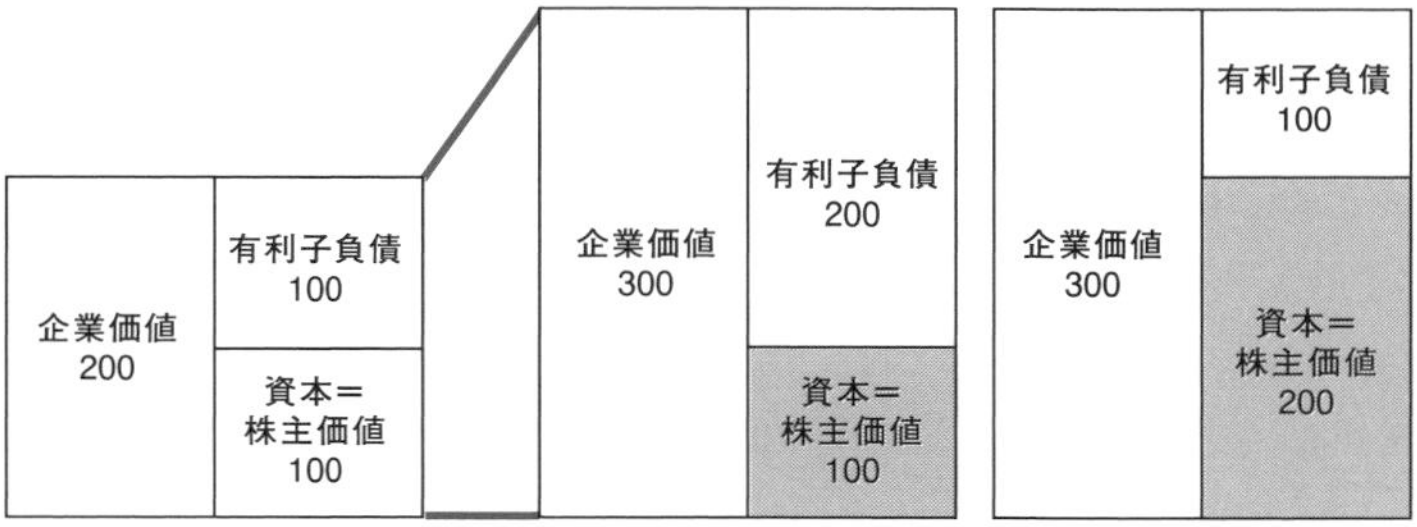

負債の増大でも企業価値は大きくなるが、
資本が増大しないと意味がない

■ 企業価値・株主価値を増大させる施策

売上増大施策		コスト削減施策		
顧客層の獲得 ブランドの獲得 シェアの向上 開発パイプラインの獲得 人材の獲得	＋	仕入れの効率化 ITの効率化 人員削減 不動産の有効活用	＝	利益の増加 （株主価値の増加）

ポイント

これらを実現させるようなM&Aの機会を常にうかがう

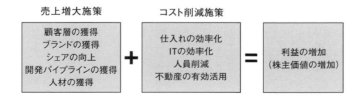

4 売買の方法

● オークション（競争入札）

売買の方法にはオークション（競争入札）と相対取引があります。**オークション**とはその名の通り、複数の買い手候補の中から、価格やその他の付帯条件の中で最も競争的なものを提示した買い手に売却するというものです。売却の動機や背景がどうであれ、価格は間違いなく最重要ファクターですので、これを追求する方法としてのオークションは理にかなったものといえます。一方、複数の買い手候補に対して公正な情報開示が必要となりますし、タイムマネジメントや入札書類の審査など、相応の手間も要求されます。**売り手が単独でオークションを運営することは難しく、実務に精通したアドバイザーにオークションの執行を委託する**ケースがほとんどです。

● 相対取引

これに対し、**相対取引**は売り手と買い手が1対1で取引するものです。競争環境にはないため、売り手は価格をつり上げることは難しくなりますが、オークションの手間を要しない分、スピーディーに案件をクローズに持ち込むことができます。M&Aにおいては、必ずしも競争環境が必要でないものが少なからず存在します。合併は相手が決まっていますし、関係会社間の取引では、第三者を巻き込むことなく当事者間で粛々と案件を進めます。

第6章2節で、ファンドがリターンをだすために、企業価値を向上させる様々な施策を実施していることを説明しています。しかし、高いリターンを実現する前にいかに安く買収するかがカギであることはいうまでもありません。オークションではどうしても値段が上がってしまうため、**ファンドの営業担当は、相対取引をしてくれるターゲット企業を日々探している**のです。

■ オークション方式と相対方式のメリットとデメリット

	オークション方式	相対方式
		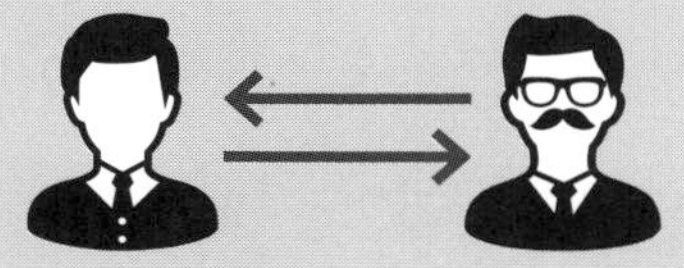
メリット	• 競争環境を作ることで、価格の上昇が期待できる • また、競争環境を作ることで、交渉を優位に進めることが可能	オークションの手間がない分、スピーディーにディールを進行させることができる
デメリット	• 入札参加者全員に公平な情報開示が必要 • 入札書類の作成、タイムマネジメントが非常に煩雑	競争環境にないため、価格や条件面で交渉のレバレッジを持つことができない

相手が決まっている「合併」

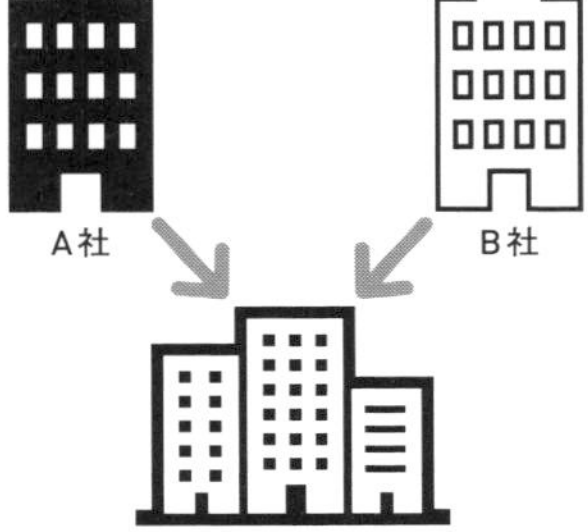

第三者を巻き込むことのない
「関係会社間の取引」

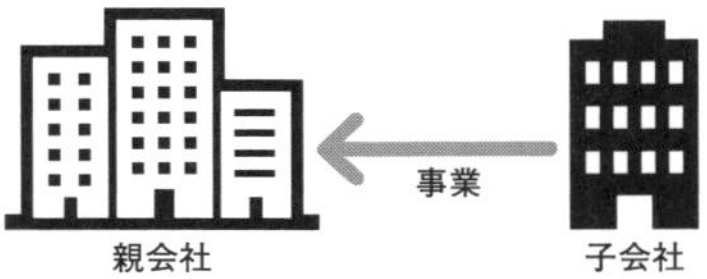

必ずしも競争環境が必要でないものがある

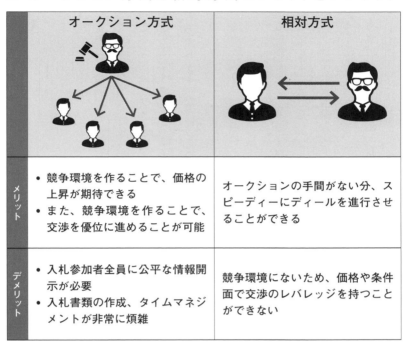

5 主要アドバイザーとその役割

M&Aには一連の流れがあり、そのプロセスの全般を通して、または一場面において、専門知識を持つ外部のアドバイザーを起用することが一般的です。左の図を見てわかるように、**M&Aの流れにおいては、準備時期、本格検討時期、そして案件終了後の時期と大きく3つに分かれます**。案件を**ディール**と呼びますが、それぞれの時期をプレディール、インディール、ポストディールという呼び方をします。

● フィナンシャル・アドバイザー

プレディールとインディールにおいて重要な役割を果たすのがフィナンシャル・アドバイザー（FA）です。FAは、クライアントが目指す戦略実現のために最適なM&A手法を企画立案し、その執行を全面的にサポートします。**プレディール**においては、まずクライアントの戦略をしっかり理解し、クライアントにとって最適な出資者または出資を受け入れてくれる企業を見つけるのが任務です。

● 外部アドバイザー

インディールにおいて、**デューデリジェンス**（以下、DD）と呼ばれる重要なプロセスがあります。DDは買い手が売り手の事業や内部の体制などを徹底的に精査する作業です。精査の範囲は、組織・人員、財務状況、税務状況、外部との契約状況、規制に対するコンプライアンス状況など多岐にわたり、その分析には会計、税務、法律の専門家が必要です。FAはクライアントと協議の上で最適な外部アドバイザーを任命します。財務の精査には会計会社、税務には税理士法人、法務には弁護士事務所が任命されることが通例です。

ポストディールは買収や出資を行った後の経営体制を統合する作業で、これが第1章1節で言及したPMIになります。このステージでは、経営コンサルタントを任命してサポートを依頼することが通例です。

■ M&Aの3つの時期

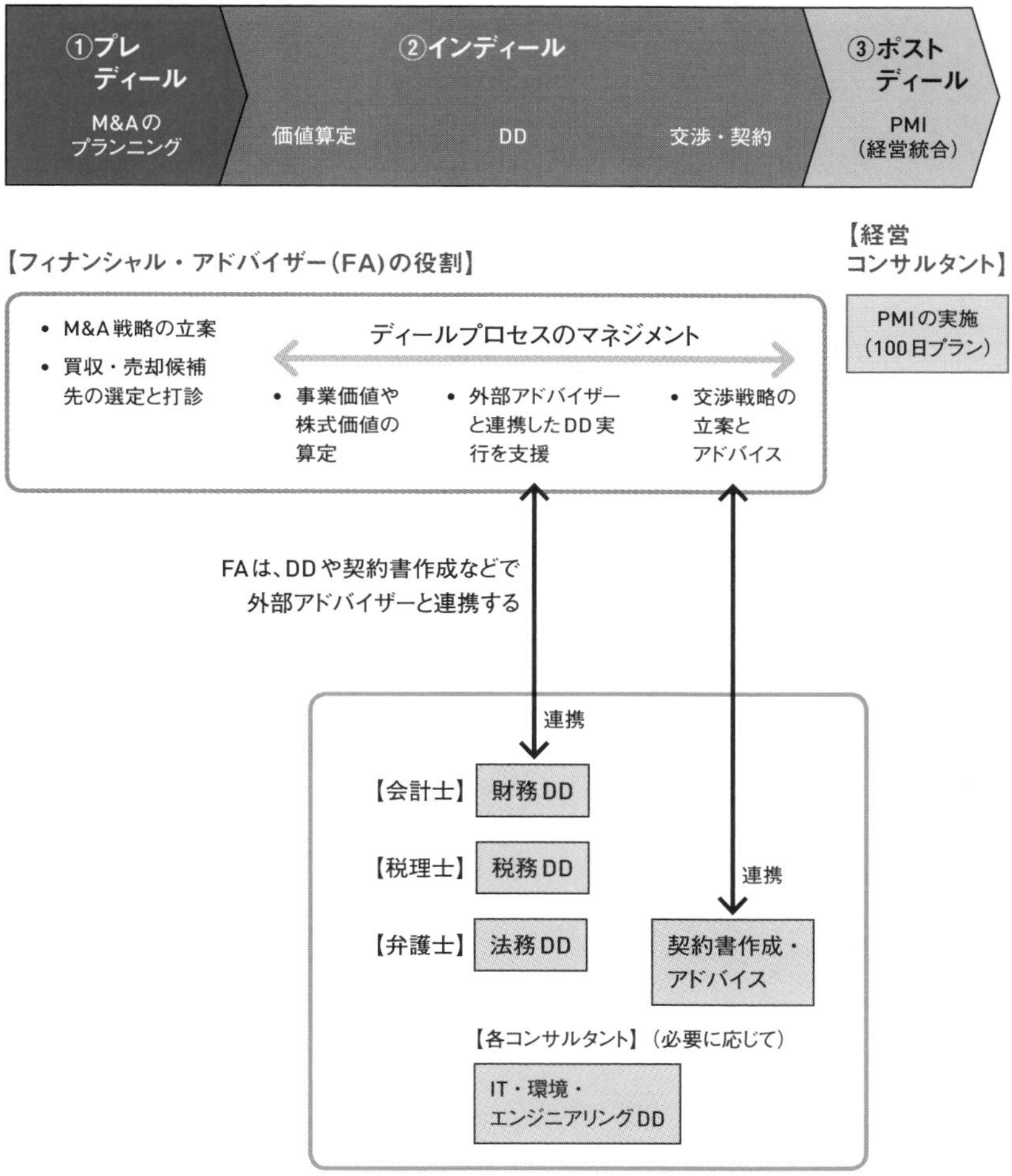
①プレディール
M&Aのプランニング
②インディール
価値算定
DD
交渉・契約
③ポストディール
PMI（経営統合）
【フィナンシャル・アドバイザー（FA）の役割】
• M&A戦略の立案
• 買収・売却候補先の選定と打診
ディールプロセスのマネジメント
• 事業価値や株式価値の算定
• 外部アドバイザーと連携したDD実行を支援
• 交渉戦略の立案とアドバイス
【経営コンサルタント】
PMIの実施（100日プラン）
FAは、DDや契約書作成などで外部アドバイザーと連携する
連携
【会計士】 財務DD
【税理士】 税務DD
【弁護士】 法務DD
連携
契約書作成・アドバイス
【各コンサルタント】（必要に応じて）
IT・環境・エンジニアリングDD

6

金融機関系アドバイザリー会社の特徴

M&Aプロセスをアドバイスしてくれるプロフェッショナルとして、FAは最も重要な役割を果たします。大手証券会社や外資の投資銀行はM&Aを執行する部署を有しますが、彼らを総称して**金融機関系アドバイザリー会社**と呼びます。これまでのM&Aシーンをリードしてきた存在です。

● 国内大手金融機関系FA

金融機関系FAの特徴として挙げられるのは、顧客網の大きさです。メガバンク系の証券会社や、野村証券のような大手の証券会社の顧客基盤は全国規模ですので、大きな顧客基盤を活かして、売り手に対しては買い手の、また買い手に対しては売り手に関する優れた情報を提供することができます。また大口の顧客に対しては、**リレーションシップ・マネジャー**（通称RM）といわれる担当者が存在して、顧客のニーズや足元の財務情報を常に探っていますので、M&Aのニーズはもちろん、買収・売却の規模感について適切なアドバイスができるのが強みです。また**金融機関であるため、買い手に対してファイナンスをつけることもできます**。この点は、次章以降で説明する会計会社系FA、ブティック系FAと決定的に異なる特徴です。

● 外資投資銀行系FA

外資系FAの特徴は何といっても海外の売り手・買い手の情報を持っているところです。米系ではモルガンスタンレー、ゴールドマン・サックス、欧州系ではドイチェ・バンク、UBS証券などが大手です。彼らがFAを務めるような案件は大型のものが多く、投資金額が1000億円を超えるメガディールも少なくありません。左の表にあるように、三菱UFJグループはモルガンスタンレーと提携関係にあり、野村証券はリーマン・ブラザーズの事業の一部を買収しています。

■ 国内と海外の主なアドバイザリー会社

国内大手アドバイザリー会社

野村証券
大和証券グループ本社
日興SMBC証券
みずほ証券

外資系アドバイザリー会社

ゴールドマン・サックス証券
三菱UFJモルガン・スタンレー証券
JPモルガン証券
バンクオブアメリカ・メリルリンチ証券
UBS証券
クレディ・スイス証券
ドイツ証券

●日系金融機関と外資の提携の例

三菱UFJフィナンシャル・グループとモルガン・スタンレー

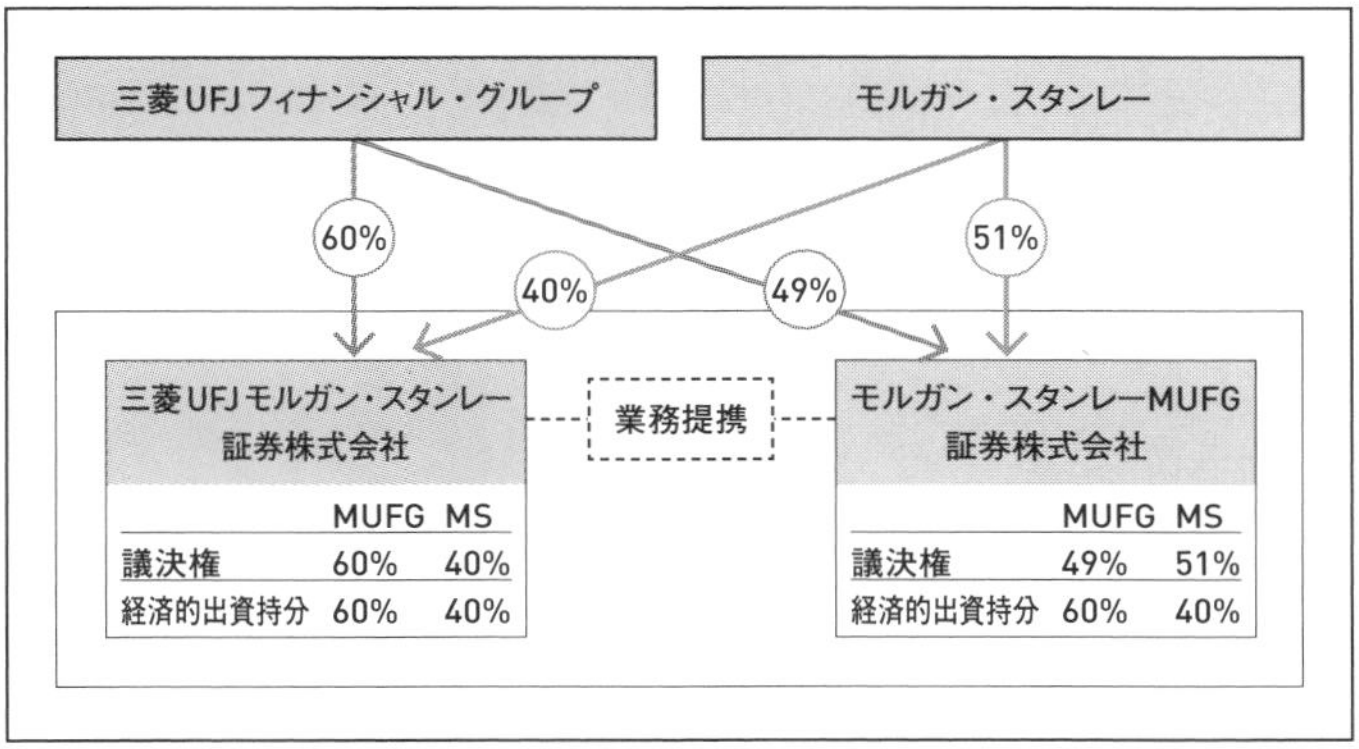

出所：三菱UFJモルガン・スタンレー証券（http://www.mufgms.jp/structure/）

野村証券とリーマン・ブラザーズ証券

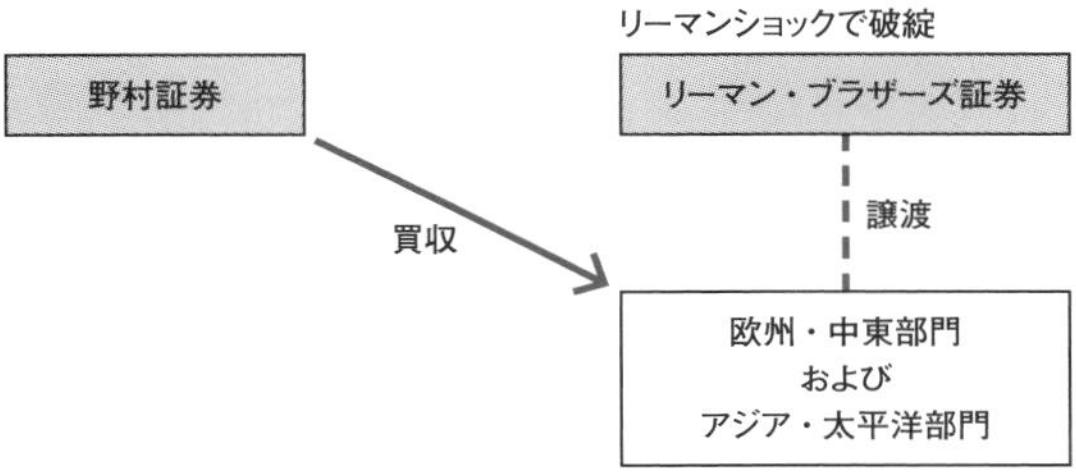

7 会計会社系アドバイザリー会社の特徴

大手の会計会社は、監査法人、税理士法人、コンサルティング会社、アドバイザリー会社で構成されています。財務と税務の専門家ですので、M&Aにおいて財務DD、税務DDの担い手として重要な役割を果たしてきました。しかし近年、各社ともアドバイザリー会社の機能と陣容を拡大し、FAとしての存在感が大きくなってきています。

● 一気通貫のサービス提供

M&Aにプレ、イン、ポストの3つの場面があることは述べましたが、**会計会社系のFAはそのすべてのフェーズを1社で完結できる**のが最大の特徴です。第3章9節で詳述しますが、プレの段階では事業戦略の立案やターゲットとのウィンウィンの設計が重要ですし、ポストの段階ではPMIの実行が必要となります。いずれも高度なコンサルティング能力が必要となりますが、このような機能を提供できることは、会計会社系FAの特徴です。**大手の会計会社は様々な合併の変遷を経て、今は4社に集約されています。**左の図にあるように、KPMG、デロイト・トウシュ・トーマツ、PwC、アーンスト・アンド・ヤングがその4社で、**Big4**という呼ばれ方をします。

● グローバルネットワークも充実

大手の会計会社はグローバルネットワークも充実しています。例えばKPMGにおいては、全世界150か国に拠点を持ち、現地企業との広範なネットワークを持っています。これはメガバンクや外資系投資銀行をはるかに上回るものです。近年、M&Aの舞台は先進国からアセアンやアフリカの新興国に広がりを見せています。大手会計会社は世界中で監査業務と税務アドバイザリーを行っていますので、新興国の地場企業の情報にもアクセスできるのが強みです。

■ 大手会計会社系アドバイザリー会社（Big-4）の概要

	KPMG	デロイト・トウシュ・トーマツ
M&A	KPMG FAS	デロイトトーマツ ファイナンシャルアドバイザリー
監査	あずさ監査法人	監査法人トーマツ
税務	KPMG税理士法人	デロイトトーマツ税理士法人
コンサルティング	KPMGコンサルティング	デロイトトーマツ コンサルティング
その他		デロイトトーマツサイバーセキュリティ研究所 デロイトトーマツベンチャーサポート
URL	https://home.kpmg/jp/ja/home.html	https://www2.deloitte.com/jp/ja.html

	プライスウォーター ハウスクーパース	アーンスト・アンド・ヤング
M&A	PwCアドバイザリー	EYトランザクション・ アドバイザリー・サービス
監査	PwCあらた監査法人	EY新日本監査法人
税務	PwC税理士法人	EY税理士法人
コンサルティング	PwCコンサルティング	EYアドバイザリーアンドコンサルティング
その他	PwC弁理士法人 PwCサスティナビリティ	EY弁理士法人
URL	https://www.pwc.com/jp/ja.html	https://www.eyjapan.jp/

●大手の会計会社の構成

監査法人
（監査証明業務）部門
公認会計士による、決算報告書や財務諸表などの確認と報告、証明を行う
税理士法人部門
税理士による、法人税や相続税、決算の手続き支援を行う
コンサルティング部門
企業収益を改善するために、経営改善や事業計画策定の支援を行う
アドバイザリー部門
経営戦略上のM&Aについてのアドバイスを行う

8

ブティック系アドバイザリー会社の特徴

● 大手に肩を並べる実力のブティック系

金融機関系や会計会社系以外のアドバイザリー会社を総称して、**ブティック系**と呼びます。個人経営的な会社から、上場している大手企業まで規模は様々です。

左の図はM&Aリーグテーブル※で、2019年に取り扱ったM&Aの件数がランキングされています。すべてのM&Aアドバイザリー会社は、このランキングでの順位を争っているのですが、前のページで説明した金融機関系、大手会計会社系のアドバイザリーファームが名前を連ねているのがわかるでしょう。

それ以外のネームはブティック系と考えてください。こうして表を眺めると、大手ファームに交じってなかなか健闘している様子がうかがえます。

● 専門分野に特化、仲介も行う先も

ブティック系アドバイザリー会社の中には、得意な専門分野に特化したサービスを提供している先もあります。

ヘルスケア業界や自動車業界など特定の業界に特化した先、事業承継に特化した先、リストラ・事業再生に特化した先、株式価値の算定に特化した先など、その専門性は様々です。

またM&Aの仲介を行う先もあります。M&Aにおいては売り手と買い手の利害が大きく相反しますので、アドバイザリー会社はどちらか一方に立つことが通常です。仲介とは売り手と買い手のマッチングを行うわけですが、そのためには売り手・買い手の少なくとも一方の情報を多量に持っている必要があります。

現在、後継者不在の中小・零細企業の数は非常に多くなっています。小規模の事業承継を専門に扱う会社においては、そのような売却希望オーナーの情報を大量に保有することで、仲介モデルを成立させているところもあるのです。

※業者の引受実績のランキング表

■ 2019年 M&Aアドバイザリーランキング（件数ベース）

フィナンシャル・アドバイザー	順位2019	順位2018	案件数	市場占有率	前年比	ランクバリュー（億円）
三井住友フィナンシャルグループ	1	1	183	4.9	-23.1	25,049
みずほフィナンシャルグループ	2	2	143	3.8	-25.9	67,480
野村証券	3	3	118	3.2	0.0	76,150
デロイト	4	5	116	3.1	46.8	17,707
KPMG	5	4	92	2.5	0.0	12,801
かえでグループ	6	6	91	2.4	35.8	19
大和証券グループ本社	7	10	67	1.8	28.8	12,769
三菱UFJモルガン・スタンレー	8	7	61	1.6	3.4	75,624
PwC	9	9	52	1.4	-7.1	7,003
プルータス・コンサルティング	10	8	40	1.1	-31.0	4,151
GCA	11*	12	33	0.9	-29.8	2,307
ゴールドマン・サックス	11*	14	33	0.9	-13.2	40,751
マクサス・コーポレートアドバイザリー	13*	16*	28	0.8	-6.7	129
山田コンサルティンググループ	13*	11	28	0.8	-42.9	506
東京フィナンシャル・アドバイザーズ	15	19	27	0.7	-3.6	262
AGSコンサルティング	16	18	25	0.7	-13.8	824
コーポレート・アドバイザーズ	17	15	23	0.6	-36.1	39
フロンティア・マネジメント	18	16*	21	0.6	-30.0	757
JPモルガン	19	22	20	0.5	5.3	42,409
三菱UFJフィナンシャル・グループ	20*	13	19	0.5	-58.7	95
バンクオブアメリカ・メリルリンチ	20*	29	19	0.5	72.7	44,872
ロスチャイルド	22*	30	15	0.4	50.0	13,980
アーンスト・アンド・ヤング	22*	20	15	0.4	-37.5	3,591
バリューアドバイザリー	22*	21	15	0.4	-31.8	186
あおぞら銀行	25	54*	14	0.4	600.0	78
市場合計			3,728	100		239,418.1

出所：Refinitiv（旧Thomson Rueters）

Summary

この章では、M&Aの登場人物としてまず「売り手」、「買い手」を挙げ、彼らの動機について学びました。その上で、M&Aの執行をサポートしてくれるアドバイザリーファームをその属性によって3タイプ紹介しました。下の表は、前ページと同じ出典ですが、2019年のM&Aを取扱金額でランキングしたものです。**取扱金額のトップ12社中８社が金融機関系となっている**ことがわかるでしょう。昨今、M&Aの大型化とクロスボーダー化が非常に進んでいます。そのアドバイザリーは金融機関系の独壇場になっていますが、そこに死角はないのかよくよく考えてみる必要があります。

さて次の章では、実際のM&Aプロセスにおいて、売り手と買い手がどのようなアクションを起こし、それをFAがどのようにサポートするのかを見ていくことにしましょう。

■2019年M&Aアドバイザリーランキング（取扱金額ベース）

フィナンシャル・アドバイザー	順位 2019	順位 2018	ランクバリュー（億円）	市場占有率	前年比	案件数
野村證券	1	5	76,150	31.8	-44.2	118
三菱UFJモルガン・スタンレー	2	1	75,624	31.6	-67.3	61
みずほフィナンシャルグループ	3	6	67,480	28.2	-46.4	143
バンクオブアメリカ・メリルリンチ	4	15	44,872	18.7	90.7	19
JPモルガン	5	3	42,409	17.7	-76.9	20
ゴールドマン・サックス	6	2	40,751	17.0	-80.9	33
ドイツ銀行	7	10	27,642	11.6	-63.3	10
三井住友フィナンシャルグループ	8	9	25,049	10.5	-72.0	183
デロイト	9	22	17,707	7.4	126.7	116
ラザード	10	18	17,573	7.3	30.6	8
ロスチャイルド	11	25	13,980	5.8	125.4	15
KPMG	12	21	12,801	5.4	37.3	92

第3章

M&Aのプロセスとアドバイザーの役割

1 売り手のアクション：売却方針の決定とアドバイザーの選定

Ｍ＆Ａの対象は株式、事業、資産と多様ですが、最もプロセスが複雑となるオークションでの株式売却を例にとって、Ｍ＆Ａの流れとＦＡの役割を説明していきます。国内・クロスボーダー共通の説明をしますが、クロスボーダーの場合はこの章に登場するすべての書類が英語となり、物理的な距離や時差の影響で相手とのコミュニケーションがとりにくくなるなど、国内案件に比して難易度が格段に上がることを想定しながら読んでください。

● 売却プロセスと成功に導くＦＡの選定

売り手は売却プロセスを行う際の**売却方針**を決めます。相対方式かオークションかというプロセスの進め方、買い手候補をどのくらい募るのか、これを下回ったら売却をとりやめるという下限価格の設定など決めるべきことは多岐にわたります。

方針の概略が決まったら、**ＦＡの選定**を行います。

Ｍ＆Ａという一大事を成功裏に導いてくれるＦＡの選定ですので、通常は複数のアドバイザリー会社に打診して、売却プロセスにかかわる提案書を提出させ、その中で最良の先を選定する、**ビューティ・コンテスト方式**※をとります。

ＦＡ選定で最重要のファクターは、過去に類似の案件を取り扱い、見事クローズまで持ち込んだことがあるかどうかという経験値（**トラックレコード**）です。過去に類似の経験をしていれば、業界の特性や交渉上の留意点など熟知しています。また買い手候補をリストアップすることも容易でしょう。単に買い手を知っているだけではなく、それらの経営陣と深いつながりを持っていることが望まれます。また買い手を海外から募る場合には、海外のＭ＆Ａ体制を持っているファームである必要があります。これらを総合的に勘案してＦＡを選定するのです。

※提案書の良し悪しでアドバイザリー会社を選定する一種の競争入札

■ 売り手FAを目指すアドバイザリー会社からの提案書イメージ

現状認識

- 売り手の売却意向を整理して、「弊社はちゃんと理解している」と示すセクション
- 気の利いたファームであれば、市場環境についての分析を述べた上で買い手候補についても言及する

現状認識の段階で知見を提供してくるFAは実力があるといえる。「知見の提供は契約の後で」という会社とは最初のセクションから差がつく

売却プロセスとアドバイザリースコープ

- 売却方法（相対・オークション）に関する見解を述べ、それに必要な作業とスケジュールを説明するセクション
- 売却プロセスで必要となる作業に対し、アドバイザリー会社がどのようなサポートを行うのかも説明する

チーム体制・担当者経歴

- 本件をサポートする体制と、担当者の過去の経歴書が提示されるセクション
- クロスボーダー案件の場合は、海外拠点メンバーの経歴書も併せて添付される

担当者の経歴では、M&A業務の経験が十分か、同業種の売却案件を扱った経験があるかをチェックするとよい

クレデンシャル（Credential）※

- 担当者の経歴に加え、そのアドバイザリー会社にどれだけM&Aの経験値や業界知見があるかを示すセクション

過去に取り扱ったM&A案件が列挙されるので、類似案件を扱った経験があるかをチェックする

手数料・報酬

- アドバイザリースコープ、チーム体制、案件執行に要する時間などを勘案して、アドバイザリー会社の報酬額が提案される

⇒アドバイザリーの報酬については、着手金、リテーナーフィー、マイルストーンフィー、サクセスフィーなど様々ある（第４章７節参照）

※クレデンシャルとは過去の経験からそのアドバイザリー会社が本件を扱う適正性を示すもののこと

2 売り手のアクション：買収してくれる会社候補のリストアップ

ＦＡの選定が終わったら、ＦＡを交えて売却方針の再検討を行います。売却価格に関しては、売り手の財務状況と類似企業の株価の状況などから**ＦＡが売却可能額の目安を算出してくれます**。売り手が高額で売却したいということは当然ですが、適正な値があります。ＦＡはここで適正な売却価格に対する重要な示唆を与えてくれます。

● 買い手候補の数と売却方針は表裏一体

次に重要なことは買い手候補の選定です。通常、買い手候補は同業者となりますが、異業種であっても、当該事業に参入しようとしている企業があるかもしれません。このように、**売却しようとする事業との間でフィットがあるかどうかが、買い手候補をスクリーニングする第１歩です**。しかし事業上のフィットがあっても、買収する財務的余力がないような先は買い手とはなりえません。

また、買い手候補の中には買収経験値が高く、買収価格に対するスタンスが厳しいとか、買収後の従業員の扱いが非情であるとか、評判上の問題があるかもしれません。このような評判は、売り手自身が直接得ることは困難です。ここでＦＡの知見と力量に頼るとよいでしょう。

買い手は国内企業だけとは限りません、海外の企業でも日系企業に興味を持つ先は少なからずあります。特に中国企業は非常にアグレッシブな買い手です。

買い手候補の大きな母集団ができたら改めて売却方針を決定します。「これしかいない」という最上の買い手がいれば、相対で持ち込むというのもいいでしょう。売却するものの希少性が高く、多くの会社から求愛を受けることが確実な場合にはオークションに進むのが妥当でしょう。売却方針の決定は、買い手候補の母集団の大きさと表裏一体なのです。

■ 売却方針の検討

●オークション取引vs相対取引

高い売却価格を目指したいのであればオークション取引

ただしインフォメーション・メモランダム（第3章3節参照）の作成など手間が多い

これはと思う意中の買い手がいるなら相対取引

ただし価格や様々な交渉条件でレバレッジが効かない（第2章4節参照）

●買い手への打診数

多くの買い手に打診すれば興味を喚起できる確率は上がる

ただし「あの会社は売却を考えているらしい」との情報はどうしてももれる。適正な打診数をアドバイスするのもFAの役割

●適正価格

売り手は誰しも高額での売却を望むが、適正価格が存在する

適正かつ現実的な価格水準についてアドバイスするのはFAの重要な役割（価格算定については第5章8節を参照）

●下限価格の設定

入札価格がこれを下回ったら売却を中止するラインを設定

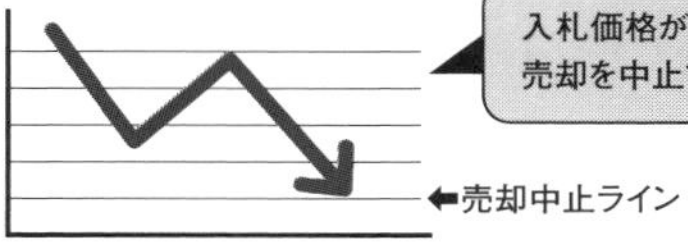

これによりDD対応やその後の交渉にコストをかけなくて済む

■ 買い手候補の選定基準

通常は同業者から選定 上場企業ならばM&A戦略を含めて中期経営計画を公表しているので、買収案件を持ち込める会社かどうか外形的に確認できる	**異業種からの新規参入があり得ないか検討** テクノロジーが異業種間のM&Aを加速させている（第7章参照）。異業種の買い手候補を見つけるのはFAの知見が問われるところ
財務的な余力 事業戦略上のフィットがあっても、財務的な余力がなければ買い手にはなり得ないので確認は必須	**過去の買収におけるレピュテーション** オークションでの作法が悪い、交渉のスタンスが厳しい、クローズ後に大規模なリストラを行ったことがあるなど、売り手から見て望ましくない買い手は存在する。このような先を除外するのもFAの重要な役割

▼

買い手候補の母集団が大きければ、オークションでの売却が望ましい

3

売り手のアクション：インフォメーション・メモランダムの作成

買い手候補が決まったら、FAを通して買収を検討してもらえないか打診をしていくことになります。その際に、どんな会社が売り物なのかを買い手に伝えなくてはなりません。ここで**FAは売り手の紹介資料を作成します**。この資料は2種類あります。

● 匿名で打診するためのティーザー

まずは売り手の名前を伏せた簡単な案件概要書です。M&Aは非常に守秘性の高い取引です。ある会社が売りに出されていることが公知となれば、従業員や取引先は動揺して、通常業務に支障をきたす恐れがあります。またその会社が上場会社であれば、株価への影響も避けられないでしょう。それを防ぐために最初に作る資料は、匿名で事業のごく簡単な情報を載せるだけの構成の案件概要書となります。この資料を**ティーザー**（Teaser）といいます※。

● 詳細情報を記載したIM

もう1つの資料は、売り手のことを詳細に紹介する**インフォメーション・メモランダム**（IM）です。IMの構成は左の図のようになっていて、会社や事業の内容が記載されます。詳細に述べるほど買い手は買収を判断しやすくなりますが、IMに記載されるものは、会社がホームページなどでは決して開示しない極秘情報です。万一売却が成立しないことも考えると、売り手にはIMに記載する情報を必要最小限にとどめたいという思惑が働きます。経験値の高いFAはこのさじ加減が上手で、必要にして最小限の情報だけをIMに記載するノウハウを持っています。またIMに求められるのは、希少性のアピールです。買い手に対していかにこれが素晴らしい投資機会か、これを逃すと次の出物に巡り合えないかを強調するのです。

※Teaseとは「いたずらする」という意味。ティーザーは相手をちょんちょんとついて「興味はありますか」と聞くに事足りる資料というニュアンス

■ インフォメーション・メモランダム（IM）の内容

企業の概要・沿革・事業内容・経営陣

- 創業から現在までの沿革、現在の事業内容、製造・販売拠点の情報、従業員数など企業の概要について説明するセクション
- 現在の経営体制、主要経営陣の経歴なども記載する

業界環境と競争優位性

- 売り手企業が属する業界について概観し、売り手企業のシェアや業界内のポジションについて記載するセクション
- 売り手企業が業界内でいかにユニークな存在か、よってそれを買収することがいかに意義があるかをアピールする

定性的なアピールであり、書きぶりが問われる箇所。英語でのIMは大げさな誉め言葉でアピールするものが多いが、日本語ではどうしても淡々とした表現になるため、いかにアピールするかFAの手腕が問われる

過去の財務情報・将来の業績予測

- 過去3~5年の財務データと、将来数年にわたる業績予測を記載

DDではないので、あまり詳細な財務データを載せることはしないが、買い手が価値算定を行うに必要十分な情報は提供する

株主情報

- 売り手企業における株主の情報（指名・持分）を提供し、今回の売却でどの株主が何株を売るのかを説明する

売却スケジュール・入札のルール

- 売却プロセスのスケジュールにつていの情報を提供
- オークションの場合は、入札を何回行うのか、選定基準は何かなどを説明し、併せて入札書類に記載を求める内容についても案内する

IMには興味を示した先がどのように入札プロセスに参加するかについて、そのルールやスケジュールを記載する。そのためプロセスレターと呼ぶこともある

4 売り手のアクション：買い手への打診と守秘義務契約書の締結

ティーザーが準備できた段階で、ＦＡはあらかじめリストアップした買い手候補に打診を始めます。**この打診段階で売り手が表にでることはありません。**売却を検討していること自体が極秘ですので、初期的なアクションはすべてＦＡが取り仕切ります。

● 買い手への様々な打診方法

買い手に対する打診は、左の図のように様々なチャネルがありますが、買い手の経営層に対して、買い手の事業環境や今後の経営戦略も踏まえた上でこのＭ＆Ａの意義を説明できれば、興味を喚起できる確度は上がります。買い手に対してツテがない場合は、コールドコールをすることもあります。この場合、Ｍ＆Ａ担当の適任者までたどり着けるかがカギとなります。またメインバンクや別のアドバイザリー会社というチャネルもありますが、間接的なアプローチになりますので、確度の低い方法です。経験値の高いＦＡほど、買い手候補の母集団を多く持ち、かつその経営陣と打ち解けた話ができるものです。

● 経営への影響を防ぐ守秘義務契約書

ティーザーを見て案件に興味を示した買い手候補には、ＩＭを交付します。ただしＩＭは秘密情報の塊ですので、ＦＡは買い手候補に対して**守秘義務契約書**を差し入れさせます。守秘義務契約書には、受領する情報の一切を口外しない、転用しないなど、守秘に関する様々な条項が規定されています。

メーカーや製薬会社などでは、研究開発部署の従業員の質がその会社の将来の業績に深く関係しています。彼らを引き抜かれた場合、売り物としての価値は下がりますし、売却が成立しなかった場合の事業継続に大きな支障がでます。このような状況を防ぐため、**従業員への一切のコンタクトを禁じる条項を守秘義務契約書に書くことがあります**。

■ 買収検討の打診

①買い手候補の経営陣に直接打診

買い手の戦略に直接訴求でき、かつ判断も早いことから、最も適したアプローチ方法。買い手の経営層とのパイプを持つFAを選びたい

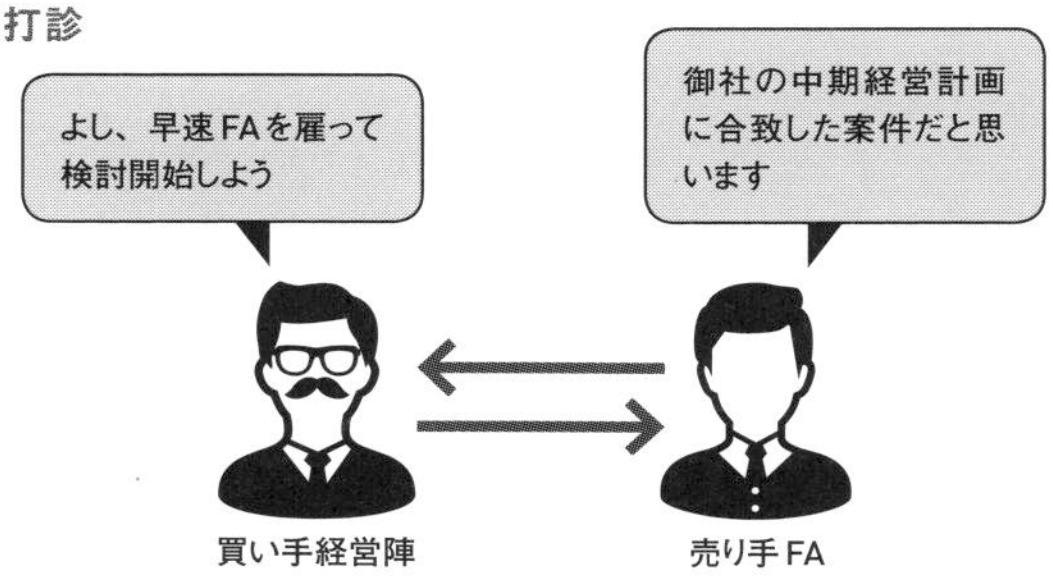

②買い手にコールドコールをする

買い手候補にツテがない場合は、コールドコールをする。代表電話にかけて「M&Aのセクション」を頼むとたいていつないでくれるが、キーマンにたどり着けるかどうかがポイントで、その分、効率の悪いアプローチとなる

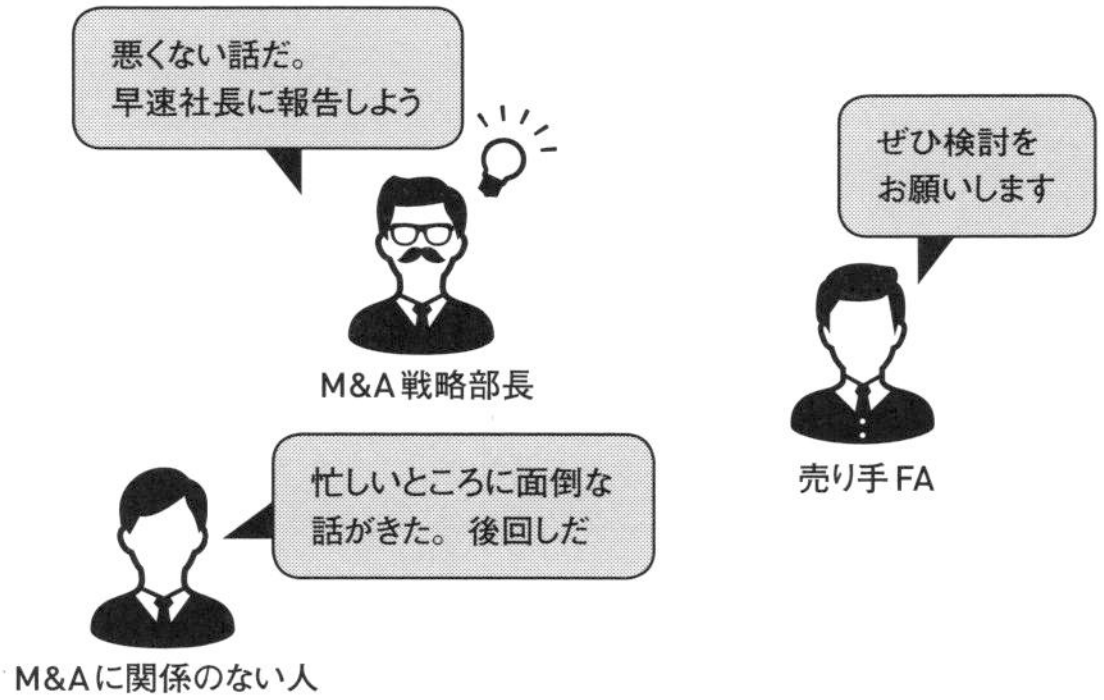

③買い手のメインバンクなど第三者経由でアプローチする

メインバンクが買い手候補の経営陣にパイプを持っている場合は、これを利用する方法もある。ただし間接的なアプローチであり、銀行の利害が買い手のM&Aに対する意向と一致しない可能性があるので、確度としては高くないアプローチとなる

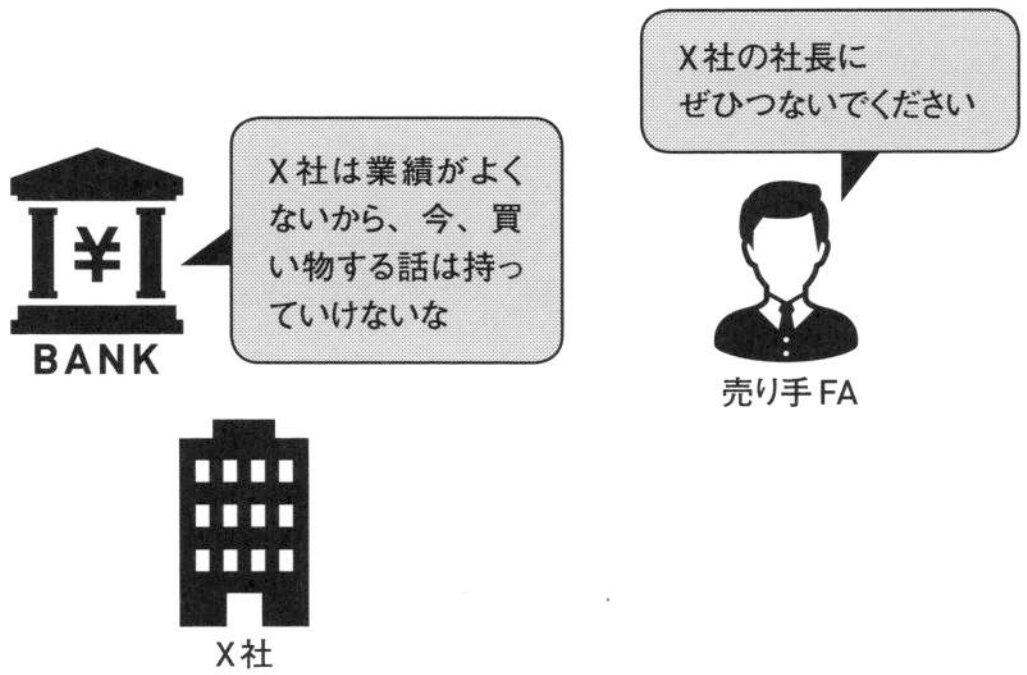

5 買い手のアクション：案件の評価とアドバイザーの選定

案件のティーザーを受け取った買い手候補は、それが真剣に検討すべきものかどうか判断をします。ティーザーの段階で箸にも棒にもかからないようなものであれば、即、見送りとなりますが、多少なりとも興味が見いだせれば、守秘義務契約書を差し入れてIMを取得し、詳細を検討していきます。その際、買い手はやはりFAを雇い、様々なアドバイスを得ながら検討を進めていくことになります。

● **提案書の中にFAの資質を読み取る**

FA選定のポイントは、売り手の場合同様、その業界に精通しているか、同種類のM&Aを経験したことがあるかということに尽きます。またクロスボーダー案件の場合なら、FAに海外でのM&A体制があるか、その海外チームに同種類のM&A経験があるか、加えて日系企業にアドバイスした経験があるか、などがポイントとなります。

● **FAを選ぶためのビューティ・コンテスト**

各FA候補は、同業種や同案件に対する経験値、チーム体制、フィー水準を記載した提案書を提出します。気の利いたアドバイザリー会社なら、この買い手候補を選ぶ意義や、当該案件に対して興味を示しそうなライバル会社名、想定価格などもコメントしてくれるかもしれません。この資料はそのFAの能力をアピールするものですが、まだ雇われたわけではないので、あくまでもチラ見せだけです。「これ以上の検討を進めたいなら、ウチを雇ってくれ」というわけです。

買い手はFA候補が作成する提案書をもとに総合的に判断してFAを選定しますが、FAの能力よりフィーが廉価なところを選ぶ傾向があります。実は買い手とFAとの間には、フィーに起因する潜在的な利益相反の懸念があるのですが、それは第4章7節で詳述します。

■ 買い手FAを目指すアドバイザリー会社からの提案書イメージ

売り手の意向と売却プロセスの確認

- 売却プロセスに呼応した買い手の買収意向を整理して、「弊社はちゃんと理解している」と示すセクション
- 売却プロセスに応じて、買い手側に発生する作業をスケジュールとともに提示する

買収プロセスとアドバイザリースコープ

- 買収のプロセスには、1次入札書の提出、デューデリジェンス、2次入札書の提出など様々な作業が発生するが（本章の6節以降で詳述）、買い手が行わなくてはいけない作業について、FAがどのようなサポートを提供できるのかを説明するセクション
- DDの作業は膨大となるが、会計会社系アドバイザリー会社のようにDDがセットで提供できるアドバイザリー会社は、財務・税務・ガバナンス・人事などのDD領域も併せて提示する

会計会社系のアドバイザリー会社の提案書では、DDを踏まえたPMIの設計についても言及される。DDやPMI機能を持たない金融機関系・ブティック系のアドバイザリー会社は提案できないため、買い手は会計事務所、税理士法人、弁護士、コンサルティング会社から別途提案書を取り寄せる必要がある。会計会社系のアドバイザリー会社も、法務DDは対応できない

チーム体制・担当者経歴

- 本件をサポートする体制と担当者の過去の経歴書を提示するセクション
- クロスボーダー案件の場合は海外拠点メンバーの経歴書も併せて添付する

担当者の経歴では、M&A業務の経験が十分か、同業種の買収案件を扱った経験があるかがチェックポイント。DD・PMIに関しても同様で、同業種での経験値をチェックする必要がある

クレデンシャル（Credential）

- 担当者の経歴に加え、そのアドバイザリー会社にどれだけM&Aの経験値や業界知見があるかを示すセクション

過去に取り扱ったM&A案件が列挙されるので、類似案件を扱った経験があるかをチェックする

手数料・報酬

- アドバイザリースコープ、チーム体制、担当する人材の経験値、案件執行に要する時間などを踏まえた報酬額の提案

アドバイザリーのフィーについては、着手金、リテーナーフィー、マイルストーンフィー、サクセスフィーなど様々ある（第4章7節参照）。買い手とFAの間には潜在的なコンフリクトがあるので、そこも踏まえてフィー提案を評価する必要がある

6 買い手のアクション‥1次入札書類の作成

　IMを受け取って検討すべきは大きく2つです。まず、売り手の事業が買い手にとって意義があるかどうかの確認です。買収者側には、第2章3節で述べたような様々な動機が存在します。**目の前に現れた買収機会が、その動機に合致するものであるか**が最大の検討ポイントです。

● 提案する価格の決め方

　仮に望み通りの案件であるならば、**どのくらいの価格を提示すべきか**が次の検討ポイントです。

　正式な価値算定をするためには、売り手から過去の財務データや将来の売上・利益の予測値（**プロジェクション**）をもらう必要がありますが、この段階では財務情報はIMに記載されているものに限定されます。価格の算定は第5章8節で述べるように様々な手法がありますが、FAはこれらを用いて、限定的な情報から売り手に提示する価格を導出しなくてはなりません。ここは最もFAの手腕が問われるところです。最近、M&A経験値が上昇し、価格算定ができるスタッフを社内に持つ会社も増えてきました※。ただし、価格の妥当性を担保するためには、**第三者、つまりFAに価格算出を委託したほうがよい**でしょう。

● 第1次入札のポイント

　事業上のフィットを確認し、また価格目線が持てたのちには、これを売り手に提示する書面に落とします。これが**1次入札書**です。入札ですから競合の買収者がいるわけで、買い手候補としては入札に勝つために、自分がいかに適した買い手であるかを限られた紙面の中でアピールせねばなりません。売り手としては、価格に加えて、現経営陣や従業員の処遇も気になるところです。価格とその他の条件をいかにするか、バランスよく、しかも競合買収者より優位なものにするか、FAのアドバイスの手腕が問われます。

※アドバイザリー会社を辞めて事業会社のM&Aセクションに転職する人が増えている

■ 1次入札書に記載する項目

買収者の紹介

- 買収者の会社概要、沿革、事業内容などが説明される
- 上場会社であれば財務情報が公知であるが、非上場の場合、売上や利益の大まかな水準を示して買収余力があることをアピールすることがある

事業戦略と本件買収の意義

- 買収者の事業戦略を述べ、その上でこの買収機会がいかに戦略にフィットしているかを説明するセクション

買収者としては他の買収者に対して定性的に差をつけるアピールポイント

買収後の経営方針と想定されるシナジー

- 買収後、既存の経営者や従業員をどのように取り扱うかについて買収者の方針を述べるセクション
- また、上記で述べた戦略上のフィットを前提に、どのようなシナジーを想定しているかについて見解を述べる

入札価格

- 価格は決め打ちの価格で提示する場合と、レンジで提示する場合がある
- レンジで提示された場合、売り手としては下限を入札価格とみなすことが一般的

いずれの場合でも、価格はDDの結果次第で変更の余地があるという条件がつけられる

希望するDDの範囲

- 財務・税務・ガバナンス・法務など、どのようなDDを希望するのか、またそのおおよその範囲と必要期間を提示する

FAの名称・連絡先

- 自社のFAの名称と今後のコミュニケーションの窓口となる担当者の連絡先を記載する

7

売り手のアクション‥1次入札書類の審査

● 1次入札の通過数

1次入札が締め切られると売り手は応札してきた買い手候補の中から、2次のプロセスに進む候補を選びます。ただしこの段階では**1社に絞り込まず、通常2〜3社を残すことが一般的**です。2次に進んだ買い手候補が、万一デューデリジェンス（通称DD）※の結果、買収が見合わせとなれば売却は成立しないからです。したがって保険を持たせる意味で複数社を残し、まだ競合がいるぞ、ということを匂わせながら競わせ続けるのです。

● 1次入札での買い手の見極め方

候補先を絞るポイントですが、価格はもちろんのこと、この買収案件を**買い手が自社の戦略に照らし合わせてどのように評価し、またどのようなシナジーを想定しているか**を審査することはとても大事です。売り手としては従業員の処遇が気になるところですが、戦略上のフィットが大きく、シナジーによって事業がこれまで以上に拡大するのであれば、従業員も新たな働きがいが見いだせるだろうと期待が持てるからです。

案件を真摯に検討してくれる買い手を**シリアス・ビッダー**※※といいます。買収打診をする際にはシリアス・ビッダーに声をかけるのが前提ですが、幅広く声をかけると、売却企業の情報をとりたいだけの偽装買収者を入札に招いてしまうことがあります。このような先の入札書類はおざなりで内容も薄いものですが、価格は極端に高いものを提示して、デューデリジェンスに進むことを要求してきます。このような先はFAもつけておらず（つまりコストをかけておらず）、情報のみを取得したい意図がみえみえですので、いくら高い価格を提示してきても落選させるべきです。大手企業でもこのような行為をする先がありますので注意が必要です。

※企業の実態を精査する作業。本章8節で解説
※※Serious Bidder

■ 1次入札書類の審査

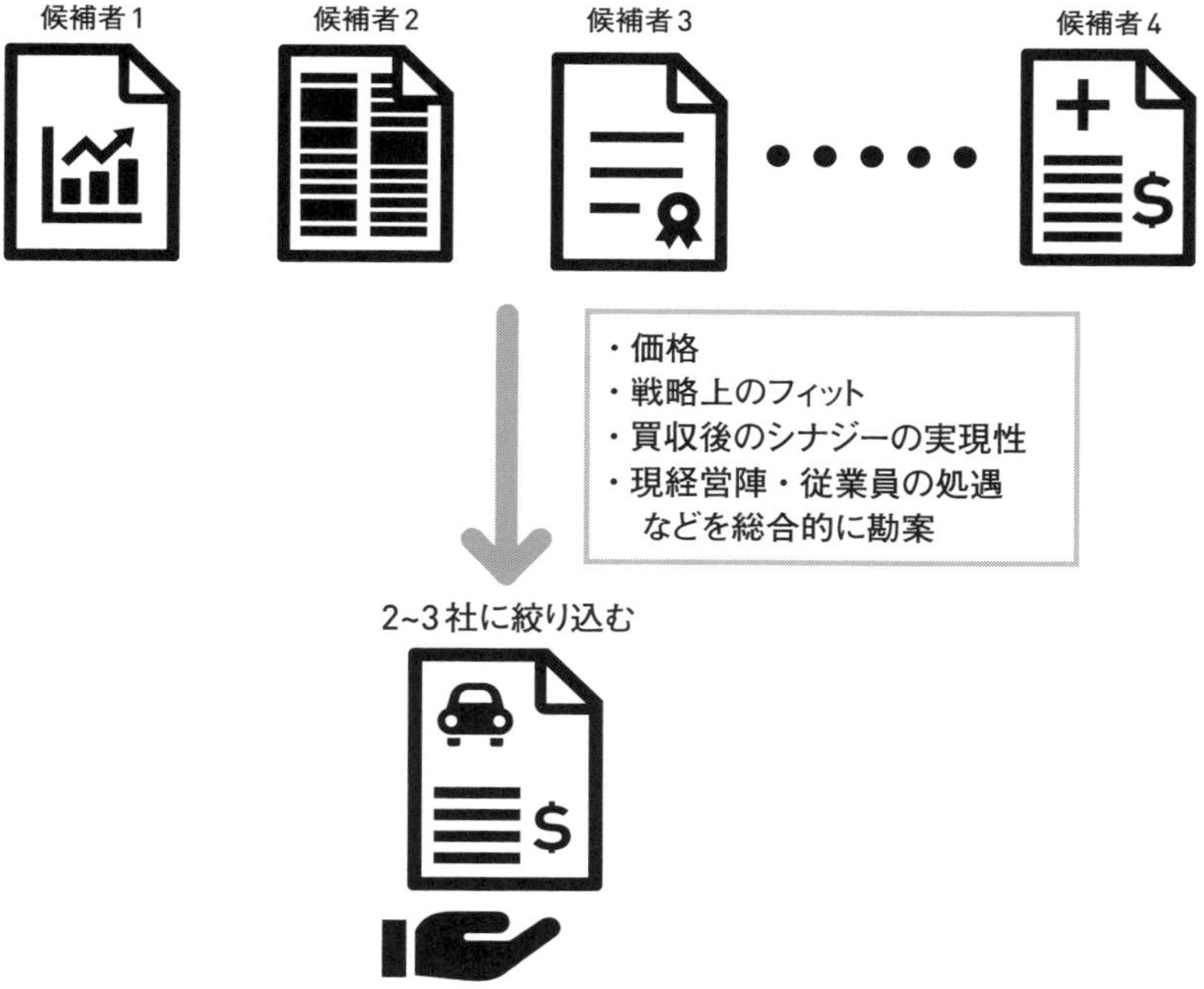

■ 偽装買収者の見極め方

シリアスビッダーの入札書

・戦略とシナジーに対するしっかりした評価
・適正な価格（むしろ低め）
・広範なDDのリクエスト

情報取得目的ビッダーの入札書

・全体として薄い内容
・極端に高い価格
・興味のある範囲に限定したDDのリクエスト

8 売り手のアクション：デューデリジェンスの準備と売買契約書のドラフト作成

● 多岐にわたるＤＤの実施領域

買い手が1次入札書類の準備をしている間に、売り手はＤＤの準備を開始します。売却企業の実態を買い手に精査させるもので、**財務・税務・法務がＤＤの主要項目です**が、最近では対象会社がどのような意思決定の構造やインセンティブ制度を持っているかを精査する**ガバナンス・人事ＤＤも定着してきました**。本書ではＰＭＩの重要性をいくつかの節で強調していますが、ガバナンス・人事ＤＤはＰＭＩの推進に極めて重要なものです。

ただしＤＤは買い手にとっても時間とコストを要する作業ですので、ＤＤを行う範囲は合理的なものに収斂《しゅうれん》します。それでも準備する資料は膨大で、それらをすべてＰＤＦ化し、ＤＤ専用のＵＲＬにアップロードする作業は売り手にとって大きな負担となります。Ｍ＆Ａは非常に守秘性が高く、売り手側の社員にも周知させることはありません。売却実行の特命チームに所属するごく一部の社員がＤＤの準備を行いますので、負担の大きさはことさらです。ファンドが売り手の場合、オークションという競争環境にあることを利用して、ＤＤの範囲と期間を制限することもあります。当然買い手にとっては望ましいことではなく、不十分なＤＤによって第4章で説明する様々な問題が起こってきます。

● 売り手が準備する売買契約書のドラフト

ＤＤの準備と併せて売買契約書のドラフトの作成も開始します。この時点で準備したドラフトはＤＤ期間中に買い手に渡され、買い手はＤＤ後、2次入札書とチェックした契約書とともに売り手に提出します。売り手の課す様々な条件をそのまま受け入れるか、徹底的にチェックして返してくるか、売り手にとってどちらが好ましい買い手であるかは自明でしょう。

■ DDの範囲

区分	項目	内容	補足
主要項目	財務	・財務DDとは、対象会社の財政状態、経営成績、資金繰りなどの財務状態、収益力などを精査するもの	資産や将来の収益力にネガティブな判明事項があれば、買収価格に重大な影響を与えることがある
主要項目	税務	・税務DDとは、対象会社の税務処理の適切性、申告漏れの有無、税務署との過去・現在の係争の有無などを精査するもの	重大な判明事項があれば、当然、価格調整の対象となる
主要項目	法務	・法務DDとは、対象会社に関わるあらゆる法的側面を精査するもの ・会社設立や経営の法的有効性、株主の真正性など基本的なことから、労務、知的財産、第三者との契約・訴訟、当局からの許認可など広範な精査を行う	必要な認可を有していないというような重大な瑕疵があれば、ディールブレイクになることもある
PMIに不可欠	ガバナンス・人事	・対象会社の意思決定の構図とそれにかかわるキーマンを明らかにし、加えて人事上のインセンティブの仕組みを精査するもの	PMIの設計や実行に不可欠なDDで、近年、実施する買い手が増えている 。これによる判明事項は、買収後の組織運営の設計に重要な示唆を与える
必要に応じて	オペレーション	・製造現場における設備の状況や、ラインにおける人員配置・効率性などを精査するもの ・また必要に応じてサプライチェーンの実効性・効率性も調査する	
必要に応じて	エンジニアリング・環境	・M&Aに付随する建築物の状況を調査するもの ・建物構築の遵法性、修繕・更新計画、再調達価格、建物環境リスク調査(アスベスト他)、土壌汚染リスク調査、地震リスク調査などが含まれる	
必要に応じて	IT・サイバー	・近年重視されるようになったDDで、対象企業のIT運用の状況を把握するとともに、外部からのサイバー攻撃に対する堅牢性・脆弱性を検証するもの	

9 買い手のアクション：デューデリジェンスの実施

●DDを進めるFAの仕事

買い手にとってDDはM&Aプロセスにおける山場の1つです。DDの実施には、弁護士、会計士、税理士、コンサルタントなど様々な専門家の力が必要です。

FAはM&Aのプロセス全体を通してアドバイスを提供しますが、**DDを実施する機能は基本的にありません**※。また会計会社系でも法務やエンジニアリング領域でのDDを行うことはできません。したがってFAは、DDを実行するにふさわしい外部の会社を買い手に推奨し、買い手・FA・外部プロフェッショナルが三位一体になってDDを進めていくのです。クロスボーダー案件ではDDをする会社が海外にも支店や現地法人（以下、現法）を持っていなくてはなりません。そのため、会計事務所、税理士法人、弁護士事務所などは当然大手を頼ることになります。

●DDの目的

DDの目的は対象会社を丸裸にして、経営上の問題点を明らかにすることです。そして判明事項は売り手や売買条件（価格）に関係することと、経営・経営陣に関することに大別されます。前者は案件のクローズに支障をきたす問題であり、後者は買収後のPMIに影響する問題です。FAはこれらを勘案しながら、1次入札書で示した価格を修正するのか否か、売り手から渡された売買契約書のドラフトにどのようなチェックをすべきかを買い手にアドバイスします。

ここでの留意点は、**金融機関系・ブティック系のFAの多くはPMIに関して知見がない**ことです。彼らが提供するサービス範囲はクロージングまでのものが多いので、PMIで問題が生じそうな場合、買い手はPMIに向けたアドバイザーの選定を検討し始めなくてはなりません。

※会計会社系アドバイザリー会社とブティック系の一部は、財務・税務・ガバナンスDDを提供する機能がある

■ DDの項目別の委託先と会計会社系アドバイザリー会社の対応領域

	委託先	会計会社系アドバイザリー会社の対応領域
財務DD	監査法人	◎
税務DD	税理士法人	◎
法務DD	法律事務所	×
ガバナンス・人事DD	経営コンサルタント	◎
オペレーションDD	経営コンサルタント	△（体制に応じて）
エンジニアリング・環境DD	不動産鑑定事務所	△（体制に応じて）
IT・サイバーDD	経営コンサルタント	◎

会計会社系アドバイザリー会社のワンストップ機能は圧倒的

■ DDの委託先の決定までの流れ

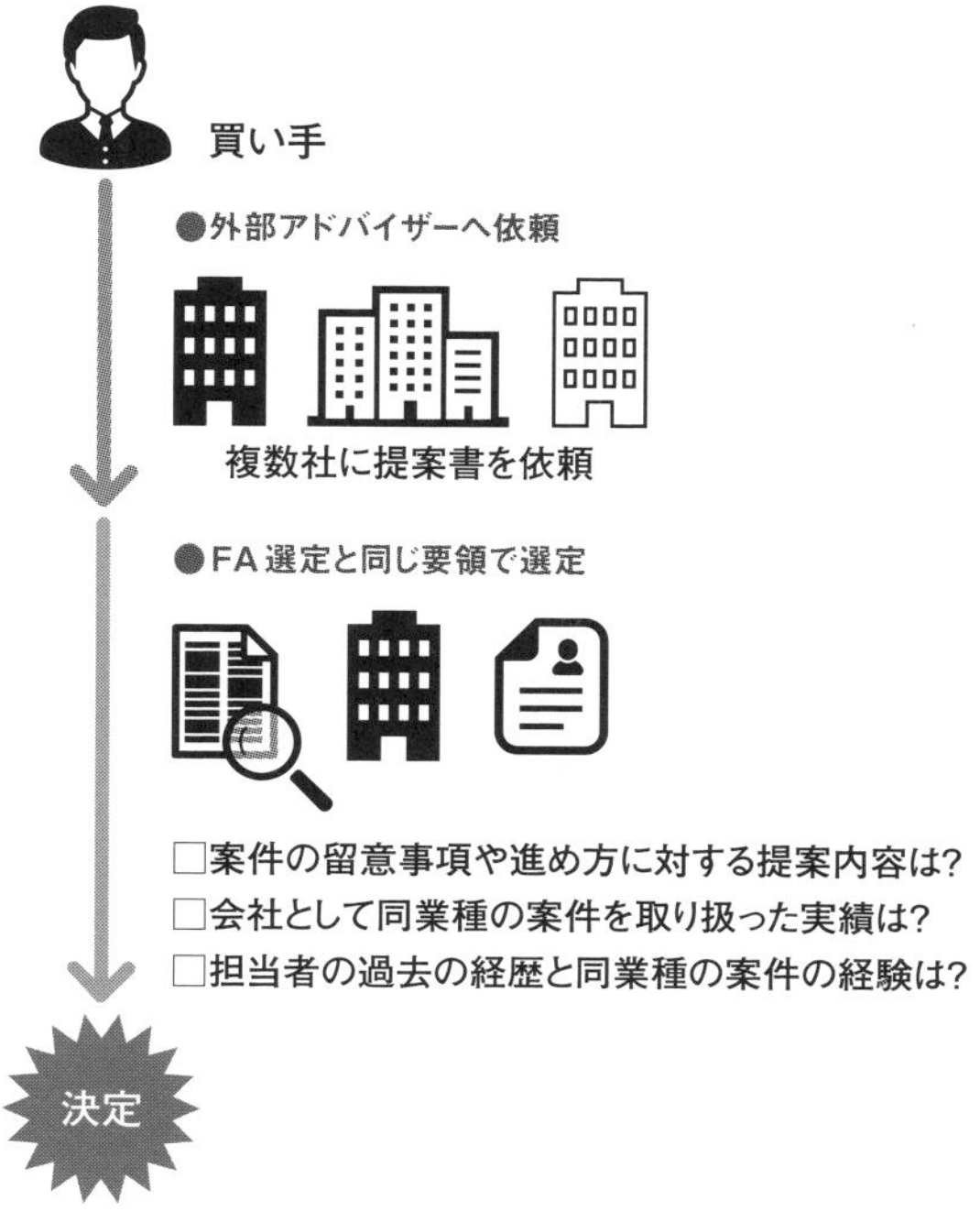
買い手
●外部アドバイザーへ依頼
複数社に提案書を依頼
●FA選定と同じ要領で選定
□案件の留意事項や進め方に対する提案内容は?
□会社として同業種の案件を取り扱った実績は?
□担当者の過去の経歴と同業種の案件の経験は?
決定

10

売り手と買い手の共通アクション：Q&Aとマネジメントインタビュー

● Q&AセッションとQの数

買い手のDDの進行に伴い、様々な事象が判明し、同時に「なぜこんな経理処理をしているのだろう」というような多種多様な疑問点がでてきます。これを明らかにするために、買い手と売り手の間で**Q&Aセッション**が行われます。

DDを行う専門家から上がってくる様々な質問事項（以下Q）をFAは整理して、売り手側のFAに渡します。Qを受け取った売り手FAは、売り手社内のしかるべきセクションにその回答（以下A）を求めます。ただし、売り手の社内でDDが進行していることを知っている人間は限定的なので、Aを準備する負担も相当大きいものがあります。

売り手に有利な競争環境の中では、売り手のFAがQの数に制限を設ける場合もあります。買い手としては承諾しがたいことですが、一方、買い手側も会計士と税理士で同じ質問をするというようなことがあり、重複がQの全体数をかさ上げすることもあります。これを防ぎ、買い手が有意義なDDをするためにもFAのQ&Aマネジメントは重要です。

● 必要ならマネジメントインタビューを開催

DDで判明しないことやQ&Aセッションでも解決しないことは**マネジメントインタビュー**に持ち越されます。マネジメントインタビューとは、文字通り買い手が売り手の経営層にDDでの疑問点やDDでは判別しないことをヒアリングするセッションです。買い手側も経営層が参加することも多く、売り手・買い手のトップが初めて顔を合わせる機会となります。DDでの不明事項を補足するのみならず、買い手は売り手の経営哲学やこれまでの事業へのコミット具合いを読み取り、売り手は事業や従業員を任せてよいシリアス・ビッダーかどうかを判断するのです。

■ マネジメントインタビューの様子

売り手

事業への想い

今後、さらなるグローバル化を果たしてくれる買い手に事業を継続してほしい

業界内のポジション

業歴50年、売上3,000億円の業界5位の企業に成長した

買い手への期待

現経営陣ならびに従業員は非常に優秀なので、引続きの雇用をお願いしたい

これまでの実績・コミット

過去10年はアセアン事業に注力し、インドネシアとタイに製造販売の現法を設立した

シリアスバイヤーかどうかの売り手側の判断

社長は事業意欲が旺盛でアグレッシブな性格に見える。弊社のアセアン事業を高く評価してくれている印象だ。だが、経営にはシビアと聞いている。適材適所とはいうが、一定のリストラは行うに違いない……

売り手に対する買い手の応答

買い手

「事業への想い」への応答

ベトナムにはすでに進出済みなので、売り手のタイ現法とのシナジー構築への可能性を感じている

「業界内のポジション」への応答

昨年、売上1兆円の大台に乗った。グローバル企業としてさらなる飛躍を目指している

「買い手への期待」への応答

従業員に対する意向は承知した。適才適所の精神で対応する

「これまでの実績・コミット」への応答

足元の中期経営計画で売上2,000億円のアップを掲げており、今回の話を千載一遇と高く評価している

買収すべきかの買い手側の判断

中堅ながら、非常に手堅く経営している。事業の成長にコミットしてきた証しだな。また社長はオープンな人柄で、社内の風通しもよさそうだ。アセアン現法の社長は現地人だが、弊社でコントロールできるかよく見極めねば……

11 売り手と買い手の共通アクション：2次入札書類と売買契約書の作成

● 買い手の2次入札の検討ポイント

DDとマネジメントインタビューが終了したら、買い手は2次入札書類の準備をします。DDによって買収ターゲットは丸裸にされますので、様々なアラや瑕疵が見えています。**2次入札における最大の検討ポイントは、DDによる判明事項をもとに、1次入札で提示した価格を修正するかどうかです。**競合環境の中では、価格を下げすぎると競合者にとられてしまいます。かといって瑕疵が判明した以上、価格を下げないというわけにはいきません。ギリギリの判断が要求されます。ただし瑕疵があまりにも大きい場合には、入札を見送ることも重要な判断です。

● 買い手の心理

しかしDDにはかなりのコストがかかりますので、コストをかけた以上、**何が何でもこの買収案件をモノにするのだという気持ちになる**ものです。ただし、この局面こそ冷静な経営判断が必要です。買い手のFAはそこまで踏み込んでアドバイスすることが求められます。しかしながら買い手のFAへのフィーは買収が成立して初めて支払われるものです。「買い手に多少の無理をさせてでも買収を成立させてしまおう」という気持ちが働かないとは限りません。このような買い手とFAの利益相反のメカニズムは第4章7節で詳述します。

● 買い手による売買契約書の修正

売り手があらかじめ準備した売買契約書のドラフトに対し、買い手のFAは弁護士と協力して、買い手に有利になるように修正していきます。そのため、売り手からすると、修正箇所が多いほど自分にとって不利な条件となります。売り手は、契約書に施された修正の量と価格の条件を見比べながら、買い手候補に対して最終的な序列をつけるのです。

■ 売買契約書の一般的な項目

売買条件

「発行済株式の51%を100億円で譲渡する」 というように、売買の対象となるものとその金額を規定する

前提条件

売買が実行されるために売り手・買い手が果たさなくてはならない義務を規定する。「売買に必要な認可を得る」、「独禁法の届け出を行う」、などが代表的なもので、必要な条件が整って初めて売買が実行されてクロージングとなる。契約書の調印からクロージングまで一定の時間を要するのは、これらの前提条件を満たすために作業が発生するため

表明保証

「売り手は対象株式の真正な保有者である」「買い手は本件の売買に十分な金融資産の裏付けを持っている」など、一定の事柄が真実であると互いに表明し、その内容を保証するもの

解除条項

この契約が無効となる条件・事象に対する規定。一方に重大な表明保証違反があった場合、一方が倒産した場合、などが具体的に規定される。大規模な災害やテロの発生など、双方の責めに帰さない事象も定められる

保証条項

前提条件の履行義務や、表明保証に違反があった場合の補償についての取り決めで、それにより発生する損害賠償について定めるもの

競業避止

売り手が、一定期間は同じ業種の事業を行わないことが規定される

その他

守秘義務、費用精算など上記以外の事項で必要なものが規定される

12 売り手と買い手の共通アクション：最終交渉・クロージング

2次入札書類と売買契約書の指摘状況から、買い手の優先順序をつけた売り手は、最優先の買い手候補と最終交渉に入ります。複数の買い手候補間で優劣がつけにくい場合には、複数の買い手候補と並行して交渉をすることになります。一方、DDが終わった段階で瑕疵があまりにも大きい場合には、買い手候補が降りてしまうこともあります。

仮に1社しか応札しなかったとしても、売り手とFAは競争環境が継続しているふりをし続けなくてはなりません。競合が誰もいないことが判明した瞬間、売り手は価格条件交渉力を失ってしまうからです。情報統制や心理戦においてどのように立ち振る舞えばよいかは、FAの経験と手腕が問われます。

●最終交渉から合意に至るまで

売買契約書の最終交渉はM&Aのクライマックスです。マークアップされた箇所を1つひとつつぶして合意していきます。交渉箇所が多ければ夜を徹した作業となることもあります。その分、最終合意に至った時の喜びもひとしおです。**上場会社であれば、この時点で売却・買収にかかわるプレスリリースを出します。**

株の売買がなされた段階で案件はクロージングを迎えますが、売買契約書の調印からクロージングまでは一定の時間を要するのが通常です。DDの結果、**売り手側に瑕疵があった場合は、売買までにそれを修正せねばなりません。**買い手側も、買収資金をまかなうために銀行から融資を受ける必要や、その事業を行う認可を役所から得る必要がある場合もあります。借り入れの審査や認可取得には時間がかかり、また必ず得られるという保証もありません。

「借り入れができたら買収します」というような買い手は、売り手にとって優先度が下がることは自明でしょう。

■ 競争環境下での最終交渉

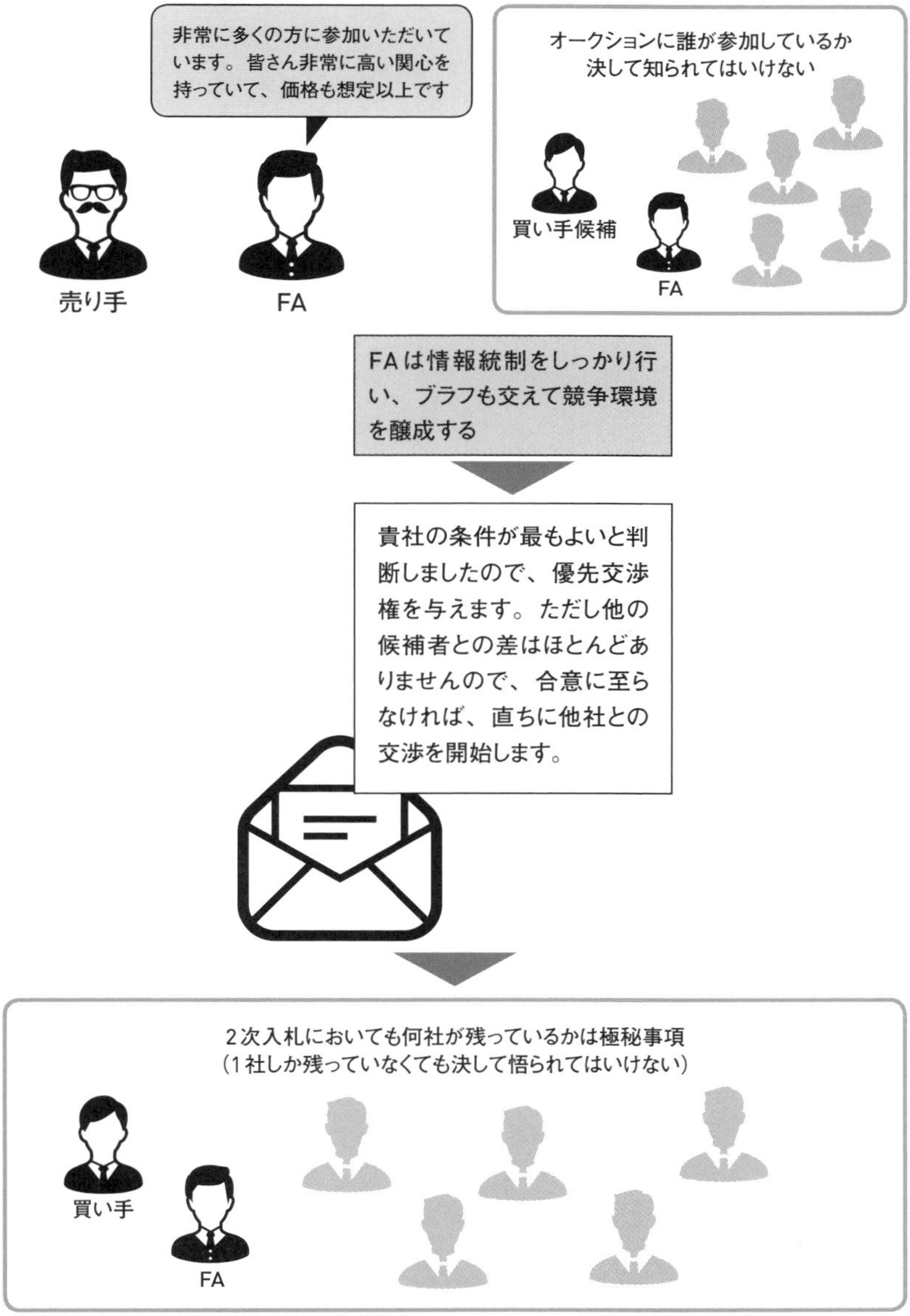
非常に多くの方に参加いただいています。皆さん非常に高い関心を持っていて、価格も想定以上です
売り手
FA
オークションに誰が参加しているか
決して知られてはいけない
買い手候補
FA
FAは情報統制をしっかり行い、ブラフも交えて競争環境を醸成する
貴社の条件が最もよいと判断しましたので、優先交渉権を与えます。ただし他の候補者との差はほとんどありませんので、合意に至らなければ、直ちに他社との交渉を開始します。
2次入札においても何社が残っているかは極秘事項
(1社しか残っていなくても決して悟られてはいけない)
買い手
FA

13 買い手のアクション：PMI（経営統合）

● PMIの5つの統合作業

無事に案件がクローズしたら、買い手は買収した会社・事業を自分の事業として経営していきます。ここからPMI※という買収先の統合プロセスに着手します。この統合作業をクローズ後の100日をめどに行うことから、**100日プラン**という言い方もします。

PMIによる統合領域は、左の図で示したように5つあります。これらは互いに独立しているのではなく、**相互に関連していますので、5つのうちどれが欠けても買収後の経営に支障をきたすことになります**。買い手は、このPMIに成功してこそ買収の果実を得ることができますが、万一失敗すれば、買収に投じたすべての費用を無駄にすることになります。

● 実は歴史の浅いPMIアドバイザリーの提供

このようにPMIの作業はM&Aの成功を握る非常に重要なプロセスですが、ここにアドバイザリーが提供されるようになったのは、ごく最近のことです。第1章で紹介したバブル期におけるクロスボーダー案件では、不本意な撤退事例がありました。これは当時の日系企業にPMIに関する知見がなく、十分な統合プロセスを踏むことができなかったことが主因と思われます。当時のFAも金融機関系が主で、PMIで有効なアドバイスを行う実力を持ち合わせていませんでした。「FAが対応するのは案件がクローズするまでであり、PMIは買収者が自ら対応すべきこと」という風潮であったのです。

その意味で、M&Aが日系企業に定着した過去30年は、PMIにおける苦労の歴史といえます。その間、大手会計系ファームは、買収後に日系企業が苦労する原因を分析し、PMIアドバイザリーという新しい領域を開拓してきました。現在、PMIは会計会社系アドバイザリー会社の独壇場となっています。

※PMIの内容については第4章と第5章で詳述

■ 100日プランで実行すべきPMIの主要項目

＜経営方針の統合＞

両社の企業理念や、経営理念、経営戦略などをすり合わせて、新しい会社として社内・社外へ発信する

＜社内制度の統合＞

制度面での統合で、就業規則、人事・評価制度、退職制度などの統合を行う。特に人事・処遇の設計は社員のモチベーション維持・向上のため大変重要な統合作業

＜営業体制の統合＞

双方の顧客・仕入れ先を最大限活かした事業展開の立案を行い、仮に重複する機能があればその解消を図る。M&Aのシナジーを一番出しやすい重要な統合作業

＜意識・文化の統合＞

経営者のリーダーシップにより経営・制度・営業・内部管理での統合がなされる過程で、買収側・被買収側の従業員が新しい目標に向かってともに協力し合う意識面での統合を行う

＜内部管理体制の統合＞

会計方針、ITの統合を行うとともに、総務・人事・経理などコーポレート部門の重複を解消する。特にITの集約は大きなコスト削減効果があるので非常に重要

Summary

この章では、M&Aの一連の流れを追ってきました。売却を決断した売り手のアクションから始まり、そのアドバイザーが売却プロセスをどのようにサポートするのか、そして買い手はプロセスの過程でどのような対応をせねばならないのか、そしてそれを買い手のアドバイザーはどのようにサポートするかについて、場面ごとに理解できたと思います。加えて、M&Aでは非常に多くの情報の分析とコミュニケーションが発生することがおわかりいただけたと思います。章の初めにも書きましたが、ここでの流れは国内・クロスボーダーで共通です。しかしこの作業を日本語ではなく英語で行うとしたら、難易度が格段に高くなることは容易に想像がつくと思います。この意味で、アドバイザーの役割が大きいことも理解いただけたと思います。

M&Aの一連の流れとアドバイザーの役割を理解した上で、次の第4章では、M&Aの失敗する理由について考えていきます。第3章においては、オークションによる競争環境においては、価格が高騰し、一方DDは不足する可能性があることに言及しました。そしてまさにこれらがM&Aの失敗の原因になっていることが次章で明らかにされます。それに加えて、そもそものM&A戦略の欠如や、PMIの失敗が加わって、日本企業がこれまでM&Aの果実を、特にクロスボーダーという文脈において十分享受できてこなかったことも説明されます。この点に関しては経済産業省も大きな問題意識を持っており、その原因究明の調査と、失敗回避の提言も行っていますので、その取り組みに関しても説明します。本書はいよいよ佳境に入っていきます。

第 4 章

M＆A が失敗する理由

1 買収案件における減損・撤退事例

● 想定外の事態に直面したM&A事例

左の図には、買収はしたもののその後大きな減損計上をしたり、撤退を余儀なくされたりした事例を列挙しました。どれも大型のクロスボーダー案件であり、買収が成立した時は大きくニュースで取り上げられました。だからこそ減損や撤退の報道がなされた時には、「事件」として反響を呼びました。**第三者委員会を設置して、徹底的な原因究明を行ったものもあります。**

また80・81ページの図は、第4章9節で言及する経済産業省のM&A研究会に関連して筆者が所属するKPMG FASが作成したもので、2000年以降2016年末までの17年間に、海外でのM&Aを実行した企業を買収総額の大きさ順に並べたものです。累計で約8兆円の買収を行ったソフトバンクを筆頭に100社をピックアップしてみると、減損や撤退など、当初の成長戦略からは想定外の事態に直面している企業が約3割も存在したことが判明したのです。

● 看過できないM&A成功率の低さ

このような企業は、明らかにM&Aの失敗を経験しているのですが、KPMG FASが海外M&Aを実行している会社にアンケートをとったところ、実行したM&Aが成功だと回答した企業は実は3割にすぎませんでした。

つまり、7割の企業がM&Aで何らかの問題を抱えているという驚きの数字があるのです。4000万人という人口減少が予測される日本において、すべての企業がクロスボーダーM&Aと向き合っていくことは必須な状態にもかかわらず、この成功率の低さは看過できません。

日本企業のクロスボーダーM&Aのやり方に、どのような問題があるのか探っていきたいと思います。

■ クロスボーダーM&Aにおける減損・撤退事例

買収者	ターゲット	買収		減損（計上）	
		金額	時期	金額	時期
日本郵政	トール・ホールディングス（オーストラリア）	7,618億円	2015年2月	4,003億円	2015年2月
	【案件概要】トールはこれまで数多くのM&Aを行ってきたが、PMIが不十分で高コスト構造を有していた。豪経済の失速により国内物流事業が停滞し、資源高により国際フォワーディング事業が赤字化するなどして業績が一気に悪化。買収金額が高額だったこともあって、巨額の減損計上を余儀なくされた。				
東芝	ウエスティングハウス（アメリカ）	6,600億円	2006年10月	6,400億円	2018年1月
	【案件概要】米国での原発建設コストの急騰や工期の遅れにより、ウエスティングハウスが巨額の損失を計上。17年3月に米・連邦破産法11条を申請し、PEファンドのBBPがスポンサーとなり経営再建を行うこととなった。東芝は2018年1月にWH関連の債権を売却し、残る株式をBBPに1ドルで売却。東芝の損失約6400億円が確定した。				
丸紅	ガビロン（アメリカ）	2,700億円	2013年7月	700億円	2016年3月
	【案件概要】買収当初、米国の複数拠点での穀物集荷事業と中国を中心としたアジアでの販売によるシナジー効果を見込んでいたが、それが過大評価であったことと、コモ ディティ市況の下落・低迷が重なって業績が想定を大きく下回ったことで減損を計上。				
キリン	スキンカリオール（ブラジル）	3,000億円	2013年7月	1,140億円	2016年3月
	【案件概要】経済成長が続いていたブラジル市場に進出するため、11年に現地2位だったスキンカリオールを買収したが、直後にブラジル経済が失速。かつ強豪との価格競争が激化し、シェアも奪われて3位に後退するなどして赤字に転落した。2017年2月にハイネケンに770億円で売却してブラジルから撤退。				
リクシル	グローエ（ドイツ）ジョーユー（中国）	4,109億円	2013年7月	662億円	2016年3月
	【案件概要】ドイツの水栓メーカーグローエの中国子会社にジョウユウおいて、不正会計が行われていたが、買収する際のDDでは発見できなかった。買収後に売上高や負債額が実態とかけ離れていることが発覚。債務超過状態にあるとして破産手続きに入り、リクシルに損失が発生した。				

出所：各社プレスリリース、各種報道、経済産業省の資料などから著者が作成

■ 日系企業のM&A投資額累計と減損・撤退事例（2000年~2016年）

No.	企業名	件数合計	買収金額合計（億円）	備考
1	ソフトバンク	28	85,721	スプリント（減損）、スーパーセル（撤退）
2	伊藤忠商事	26	32,375	ドール事業（減損）、英国タイヤ小売事業（減損）、豪石炭事業（減損）等
3	日本たばこ産業	6	30,777	
4	三菱UFJフィナンシャル	15	29,899	
5	三井住友フィナンシャル	18	29,039	BTPN（減損）
6	三井物産	55	27,865	チリ銅事業（減損）、豪LNG事業（減損）、ブラジル資源事業（減損）等
7	丸紅	39	26,772	ガビロン（減損）、シェールオイル油田事業（減損）、豪石炭事業（減損）等
8	三菱商事	38	24,846	アングロアメリカン（減損）、ブラウズLNG（減損）等
9	NTTドコモ	15	24,242	KPN（減損・撤退）、AT&T（減損・撤退）、タタ（撤退）等
14	住友商事	26	14,216	シェールガス（減損）、オイル事業（減損）、ブラジル鉄鉱石事業（減損）等
15	日本電信電話(NTT)	8	11,462	ベリオ（減損・撤退）
16	ソニー	13	11,383	ソニーエリクソン（減損・撤退）、映画分野営業権（減損）等
17	キリンホールディングス	13	10,538	スキンカリオール（減損・撤退）
26	日本郵政	1	7,618	Toll（減損）
27	オリックス	13	7,031	
28	アステラス製薬	5	6,741	米国製薬事業（減損・撤退）
29	大塚ホールディングス	5	6,720	
30	JFEホールディングス	7	6,676	JSWスチール（減損）
31	第一三共	4	6,450	ランバクシー（減損・撤退）
32	日本板硝子	2	6,410	ピルキントン（減損）
33	ダイキン工業	5	6,235	
34	新生銀行	2	6,202	アプラス（減損）、シンキ（減損）

■ 日系企業のM&A投資額累計と減損・撤退事例（2000年~2016年）

No.	企業名	件数合計	買収金額合計（億円）	備考
35	日立製作所	6	5,994	原子力関係（シナジー効果未実現）、HDD関係（シナジー効果未実現）
45	楽天	10	4,267	ﾌﾟﾗｲｽﾐﾆｽﾀｰ（減損）、VIKI, Inc（減損）等
46	大日本住友製薬	5	4,262	
47	コマツ	2	4,035	
48	テルモ	4	3,962	
49	豊田通商	6	3,816	ガス案件（減損）、レアアース（減損）等
50	パナソニック	6	3,486	
51	ルネサスエレクトロニクス	2	3,408	
52	リコー	4	3,050	デジタルカメラ事業（減損）
53	日本電産	6	2,880	
54	大阪ガス	6	2,873	米国シェールガスオイル事業（減損）
55	古河電気工業	1	2,800	ルーセント（減損）
56	双日	9	2,795	ブラジル鉄鉱石等権益事業（減損）
57	JXグループ	4	2,790	チリ鉱山事業（減損）
58	住友金属鉱山	5	2,579	チリ鉱山事業（減損）
59	富士フィルムホールディングス	8	2,555	
60	住友信託銀行	2	2,424	ファーストクレジット（減損）
68	資生堂	1	1,800	ベアエッセンシャル（減損）
69	塩野義製薬	2	1,687	ｻｲｴﾙ･ﾌｧｰﾏ（減損）
100	アドバンテスト	1	909	
		合計（平均）	731,759	

出所：KPMG FAS

2 想定される失敗の原因①：戦略の欠如・買収ありきのスタンス

M&Aが失敗する原因としてまず挙げられるのは、クロスボーダー・国内案件を問わず戦略の欠如です。多くの企業は3年ごとに中期経営計画（以下、中計）を発表し、その中で売上・利益などの数値目標を掲げます。そしてM&Aの活用は、そのような数値目標実現のための重要な戦略の1つです。具体的には、「3年でM&A実行1000億円」のような目標となるのですが、その時点で具体的なターゲットが存在しているわけではありません。第2章3節でも書きましたが、買収する側の動機は、売上の拡大、シェアの向上、人材の確保、コストの削減などです。どれも中計の数値目標の達成に必要なものといえるでしょう。

● 出物ありきが招く失敗への道

ですからこれら**戦略の実現に近づく買収ターゲットを入念に吟味せねばならない**のですが、売り手のFAから買収の意向打診を受けた瞬間に、「戦略」から「出物ありき」で「買うか買わないか」の二元論になってしまうことがよくあります。とりわけ買収にかかわるオークションが開始され、自社のライバル企業が買収に名乗りを上げるかもしれないと思うと、この出物を逃してはいけないという心理に陥ります。つまり、中計に沿って事業を成長させることが目的であったにもかかわらず、目の前の買収をクローズすることが目的になってしまうのです。

自社のFAを雇い、DDを行うためのプロフェッショナルを雇うと、M&Aの検討が進行するほどにコストも膨らみます。これがまた曲者《くせもの》で、これだけコストをかけたのだから、何が何でもクローズせよと思う気持ちにさえなってしまうのです※。買収を検討するにあたっては、**目の前の案件が、そもそもの事業戦略とかけ離れていないかを冷静に考えなくてはならない**のです。

※FA側の心理については第4章7節で詳述

■ 中期経営計画のイメージ

XYZ社　Vison 2023

	2019年（実績）	2020年（目標）	2023年（目標）
売上高	4,125億円	5,000億円	6,500億円
営業利益	125億円	350億円	650億円
営業利益率	3.0%	7.0%	10.0%
ROE	7.5%	10%以上	10%以上

重点施策
①新規事業の立ち上げ
②アセアン市場の開拓
③上記実現のためのM&Aの実行（投資予算1,000億円）

■ 買収ありきのスタンスに陥る

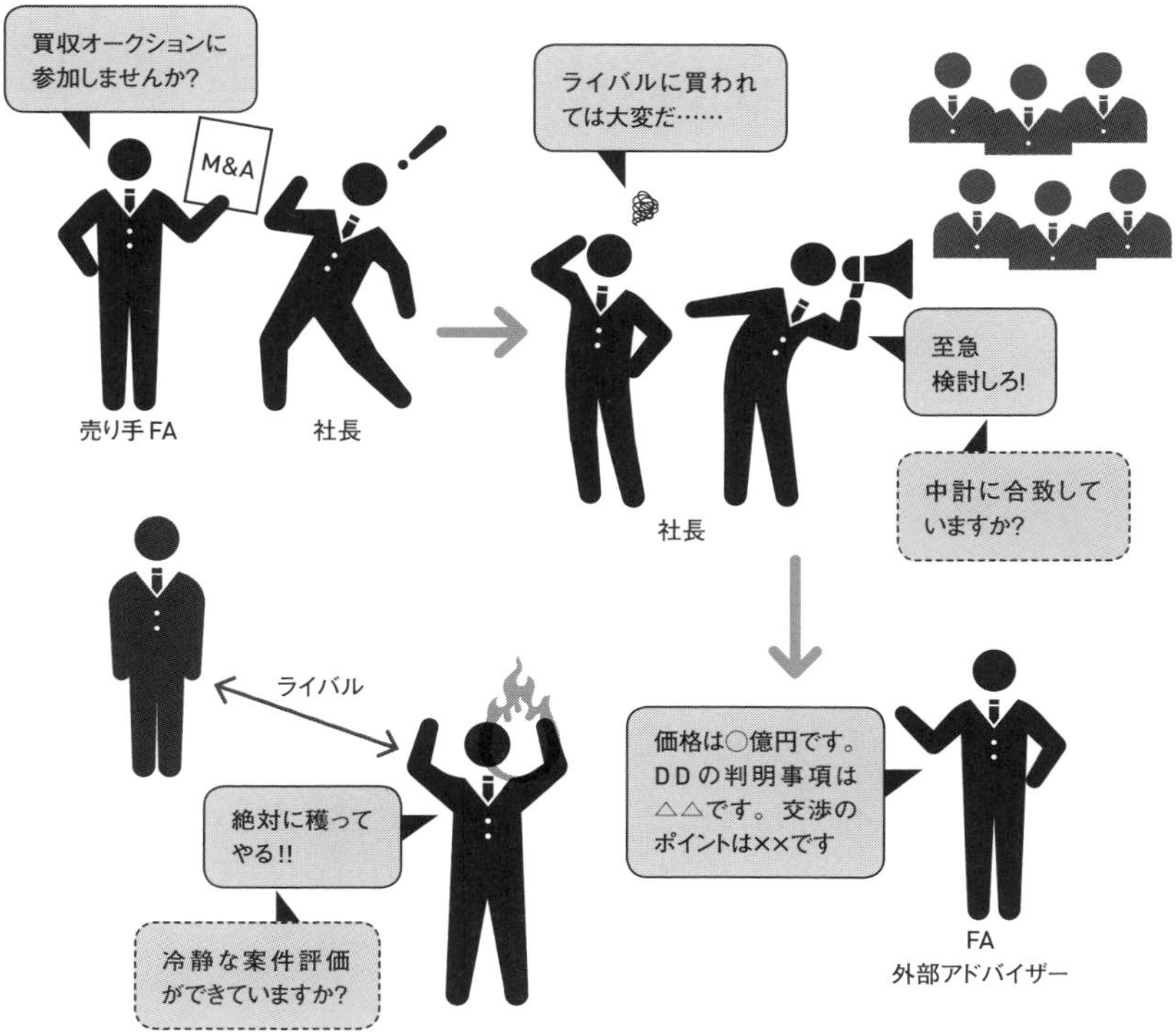

3 想定される失敗の原因②
高値掴《づか》み・DDの不足

戦略の欠如に続きM&A失敗の原因として挙げられるのが、高値掴みとDDの不足です。

● 高値掴みで損をする理由

売り手としては少しでも高い価格で売却したいわけですから、オークションという競争環境の中で買い手を競わせます。

どうしても競り落としたいターゲットであれば、多少無理をしてでも価格を積み上げるのは心情です。また前節で述べたように、何が何でもクローズせよという心理状態になればなおさらです。

今日の会計基準では、毎年資産の時価評価をせねばならないのですが、買収先の業績が低下してその価値が低下した場合、そのマイナス分だけ資産を減少させ、それと同額の損失を計上しなくてはならないのです。**企業買収に高値を払うほど、減損計上のリスクが大きくなります。**

● DDが不十分になる理由

また、DDが不十分でターゲットのことを調べきれず、後に大きな負債が発覚・もしくは顕在化して、買い手がそれを負担しなくてはならないこともあります。第3章8節で述べたように、DDの範囲が少ない買い手ほど売り手からは望ましいため、オークションの競争環境の中で、DDの時間を制限することもあります※。**DDの時間が制限されれば、どうしても精査しきれないエリアが残ってしまい、それが後の問題を引き起こすリスクを抱えてしまう**のです。

また本書では、PMIの重要性が本章や第5章で説明されていますが、有効なPMIのためにはターゲット会社のガバナンスと人事面にフォーカスしたDDを行うことが必要になります。しかし従来のDDは財務・税務・法務に重点が置かれ、ガバナンス・人事DDがそもそも不十分だったという事実もあるのです。

※特に、ファンドによる買収案件はオークションで行うことが通常。近年ファンドによる買収案件が増加している

■ 高値掴みによるインパクトの例

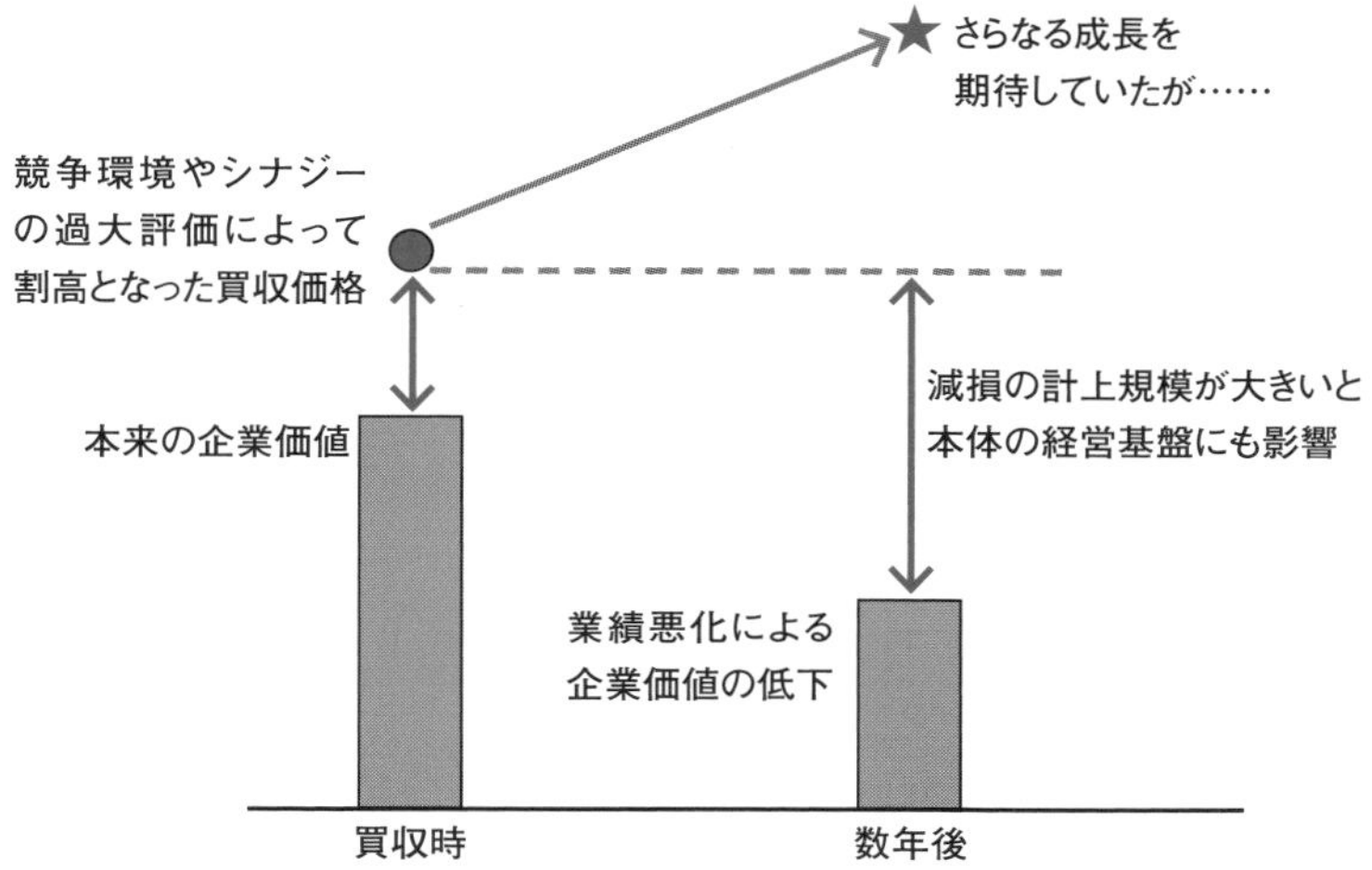
★さらなる成長を
期待していたが……
競争環境やシナジー
の過大評価によって
割高となった買収価格
本来の企業価値
減損の計上規模が大きいと
本体の経営基盤にも影響
業績悪化による
企業価値の低下
買収時
数年後

■ DD不足によるインパクトの例

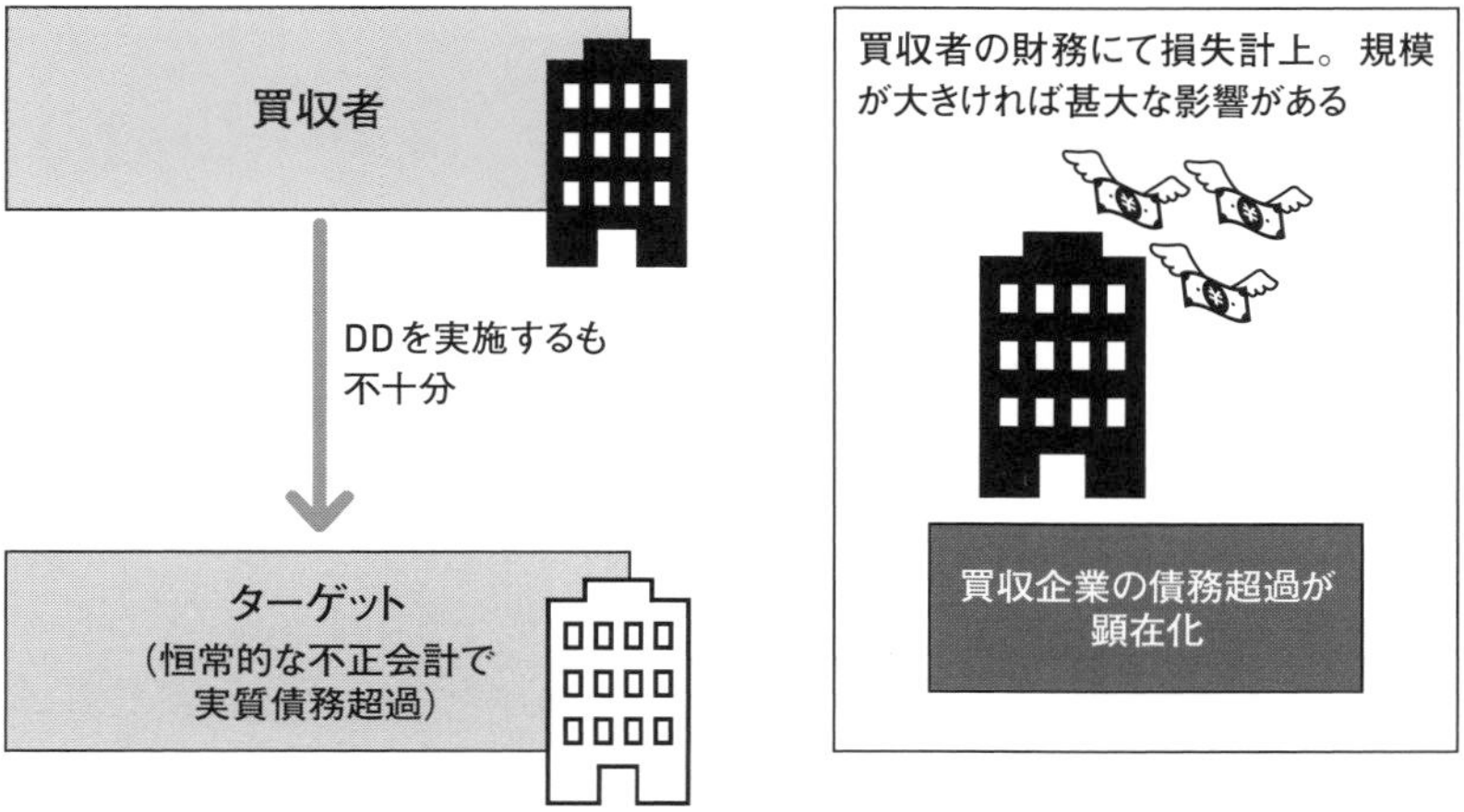
買収者
DDを実施するも
不十分
ターゲット
（恒常的な不正会計で
実質債務超過）
買収者の財務にて損失計上。規模
が大きければ甚大な影響がある
買収企業の債務超過が
顕在化

4 想定される失敗の原因③：PMIの失敗

PMIは買収の果実を得る作業です。いくら素晴らしいターゲットを買収しても、PMIが失敗すれば買収の努力がすべて水泡と消えます。

● 買収後の経営の2つの手法

買収後のガバナンス（企業統治）のやり方は大きく2つあります。**1つは買収者の経営哲学やルールをそのまま持ち込んで、これまでのやり方を一新する方法**で、左の図で「進駐軍型」と名付けています。**もう1つは買収者が経営陣を派遣するものの、基本はこれまでの経営陣に経営を任せる方法**で、「権限委譲型」というものです。欧米企業による買収の場合は進駐軍型でドラスチックな経営の変化を伴うものが多く、日本企業による買収は、時間をかけて徐々に買収者のスタイルに合わせていく権限委譲型が多くなっています。

● ガバナンス不在に陥らないために

しかし買収を行ったのですから、PMIの中でも特に**経営方針に関しては明確な指針を出さねばなりません**。ここが曖昧になることでPMIのすべてのパーツで機能不全を起こします。

欧米やアジアにおいては、経営陣は株主から明確な業務管掌※を提示されます。つまり「お前にこれだけの権限を与えるから一定の経済目標を達成せよ」というもので、こと細かに規定されます。日本企業においてはそのような慣習がありませんので、これを曖昧にしてPMIに入ると、現地経営陣からは「指示が不明確だ」と不満が募ります。その上でよかれと思って独自に動くと、日本企業側は「こちらの意図に反して暴走した」と誤解する、というようなミスマッチの例はたくさんあります。

このようなことの積み重ねで、大量の退職者がでたり、面従腹背になったりと、ガバナンス不在の状況に陥る事態にもなりかねないのです。

※英語ではジョブ・ディスクリプション（job description）という

■ 買収後のガバナンスの種類

＜権限委譲型＞

- 既存経営陣の残留（買収者は若干名の経営陣を派遣）
- 買収者の社内ルール・制度を順次適用
- 既存のITシステムの活用（時機を見て乗り換え）

＜進駐軍型＞

- 経営陣の総交替
- 買収者の社内ルール・制度の即時適用
- 買収者のITシステムへの乗り換え（→買収者の事務作業・証票・マニュアルの即時適用）

■ 権限委譲型におけるミスマッチ

（派遣された日本人のスペック）

- 経営経験がない
- 言語能力が高くない
- 不十分な現地文化・商習慣の理解

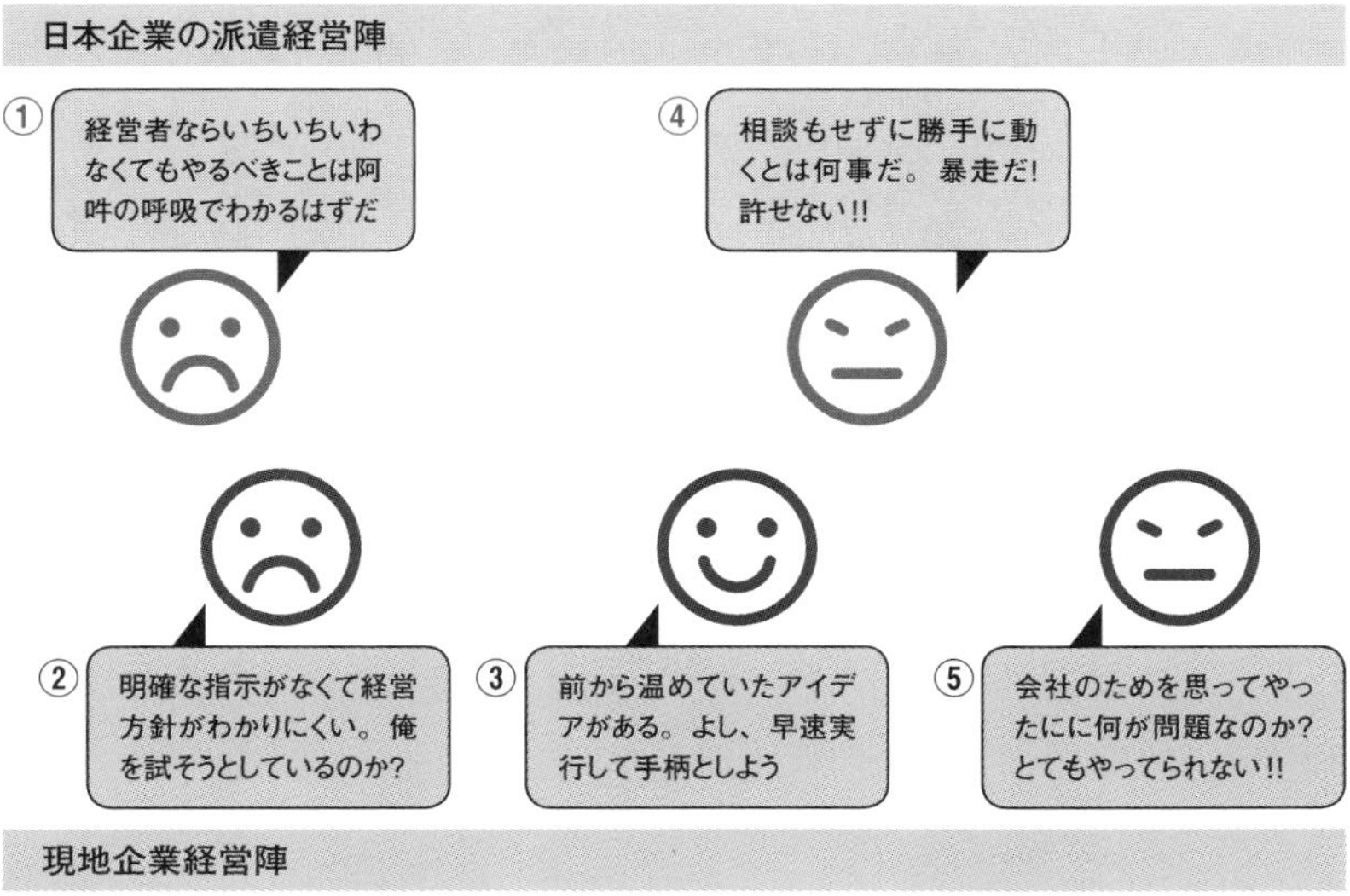
日本企業の派遣経営陣
① 経営者ならいちいちいわなくてもやるべきことは阿吽の呼吸でわかるはずだ
② 明確な指示がなくて経営方針がわかりにくい。俺を試そうとしているのか?
③ 前から温めていたアイデアがある。よし、早速実行して手柄としよう
④ 相談もせずに勝手に動くとは何事だ。暴走だ! 許せない!!
⑤ 会社のためを思ってやったにに何が問題なのか? とてもやってられない!!
現地企業経営陣

5 PMIで失敗する根本原因①：PMI設計の不備

PMIの失敗は致命的でありかつ重大な帰結をもたらしますので、もう少し掘り下げて考えてみましょう。

左の図は筆者が所属するKPMG FASにおいて行ったM&Aサーベイからの抜粋で、M&Aを行った企業からPMIについて振り返ってもらった結果です。PMIをやり直したい事項、それから売買契約書や株主間協定などの調印の前に合意すべきだったと感じる事項を列挙しています。強調したいのは、ここで挙げられている事柄が買収者とターゲット会社の経営陣との間のものばかりで、売却して去っていく株主との間のイシューではないということです。ですから売り主と交わす様々な契約書の中でも規定されておらず、契約にもとづいて解決にあたることができない事項なのです。

● **合意すべきは経営陣、去り行く株主ではない**

前節で述べたように、日系企業のPMIは進駐軍型ではなく、権限委譲型がほとんどを占めます。それであれば、経営を委嘱する経営陣とどのような合意をするべきかを、株主が去る前に、すなわち案件がクローズする前に、しっかり設計して合意に至らなくてはなりません。しかし現実にそうはなっていないことがサーベイは明らかにしています。つまりPMIがうまくいかない根本原因は、買収するターゲット会社がどのような意思決定構造で事業を行っているのか、そこにおけるキーになる人材の処遇・インセンティブがどう設計されているかなどを全く理解しないままに売却株主との間で案件をクローズさせ、これまで現経営陣に影響力があったであろう株主が不在となった状況でPMIを行うことだったのです。ターゲット会社において、キーマンを中心にどのような意思決定メカニズムを持っているのかを調査することをガバナンスDDといい、第5章11節で詳述します。

■ M&Aを成功に導くキーファクターと今後の課題に関する実態調査

Q PMIにおいてやり直したい取り組み

上位5項目

順位	割合	項目
1位	39%	シナジー実現のための具体的な施策の作成・周知
2位	25%	マネジメント人事の見直し
3位	23%	ターゲット企業（または事業）に対する統合後ビジョンの作成・周知
4位	23%	販売・マーケティングに関する見直し・統廃合
5位	17%	意思決定プロセスの見直し・整備（権限に関する規定を含む）

Q M&A契約締結前に方向性について合意すべきだった取り組み

上位5項目

順位	割合	項目
1位	24%	シナジー実現のための具体的な施策の作成・周知
2位	15%	ターゲット企業（または事業）に対する統合後ビジョンの作成・周知
3位	12%	販売・マーケティングに関する見直し・統廃合
4位	10%	組織文化の融合・経営方針の浸透
5位	9%	意思決定プロセスの見直し・整備（権限に関する規定を含む）
5位	9%	マネジメント人事の見直し

出所：KPMG FAS「KPMG M&A Survey（2019年3月）」

ポイント

合意すべき相手は対象会社の経営層であり、売り手ではない（実はこれらの項目は契約書にほとんど落とし込まれない）

6

PMIが失敗する根本原因②：日本人の経営能力に関する考察

●日本人に足りない経営スキル

前節では、PMIが設計不備によって失敗に導かれることを書きましたが、ここでは日本人の経営能力に関して少し考えていきたいと思います。日本においても類まれなリーダーシップをとって企業を率いる経営者は数多く存在します。しかし多くの日本人は就職して企業人の経験を積み、経営職階に上ることができるのはサラリーマン人生のかなり後半になってからです。当然、経営者として昇格できるのは一握りの人ですから、経営スキルを持つ人材は少数しかいないといえます。最近ではプロ経営者として請われて企業を渡り歩くような人も増えてきています。また若くして起業し、四苦八苦して会社を育てた経験を持つ人も徐々に増えてきました。しかしそのような人があなたのまわりにどれほど存在するでしょうか？　つまり日本の企業は、いまだサラリーマンで満ちあふれていて、経営スキルを持つ人材が極端に少ないのです。

●全ステークホルダーの利益の最大化

それでは、経営のスキルとは何でしょうか？　端的にいえば、**企業にかかわるすべてにステークホルダーの経済的利益を最大化できる経営能力**のことです。代表的なステークホルダーは、顧客、取引先（仕入先）、金融機関、従業員、株主です。それぞれの経済的利益は必ずしも同じ方向ではなく、左の図にあるように相反しているケースもあります。これらの経済的利益の最大化をもたらすスキルは、サラリーマンとしての業務を行っている以上、身につけるのは難しいことです。にもかかわらず、買収を行った場合には経営者としてその地に乗り込まねばなりません。PMIにおける成功・失敗をいう前に、そもそもの経営のスキルが日本人には足りていないことを認識すべきなのです。これに対する対処法の考察は第5章17節で述べます。

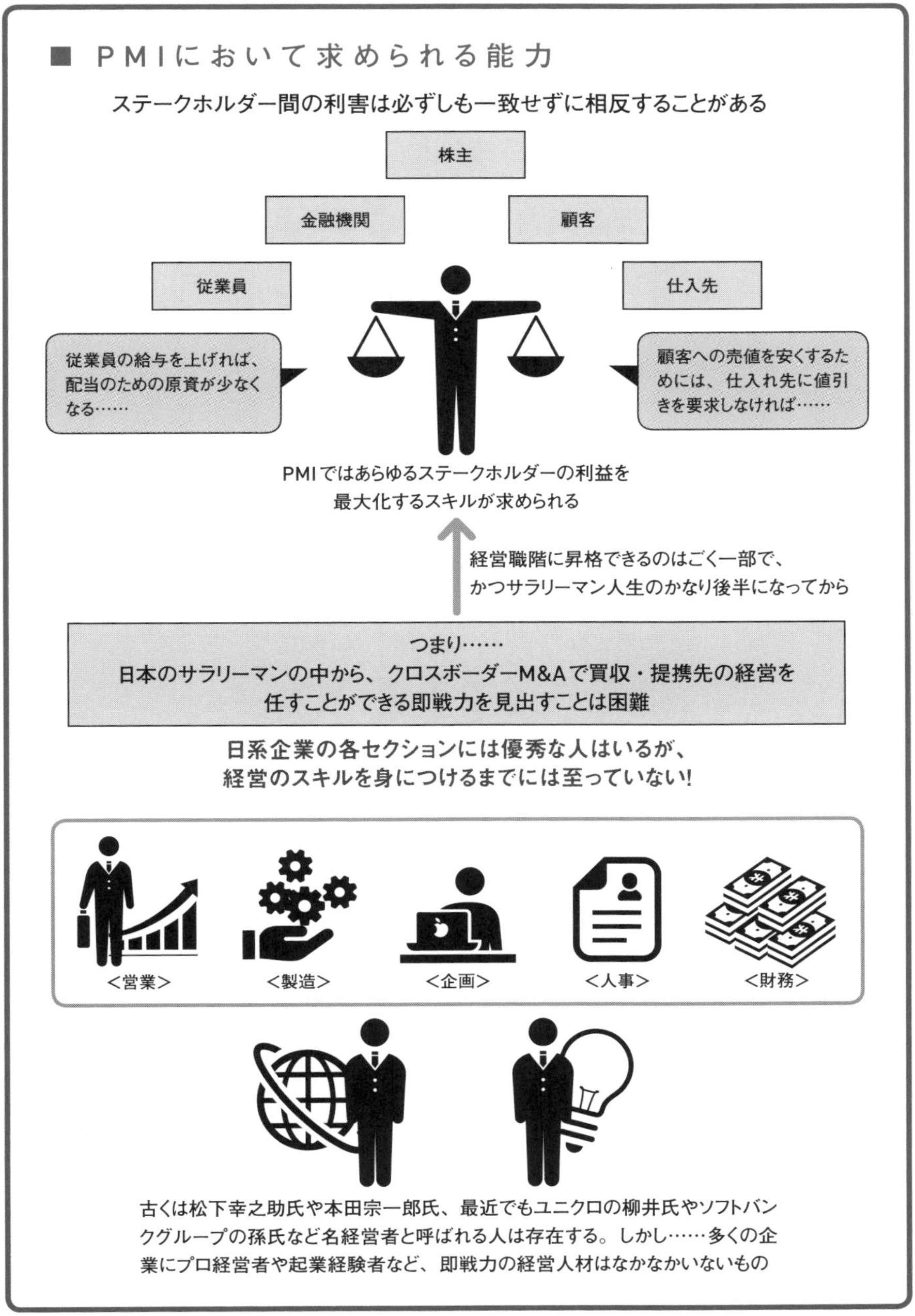
■ PMIにおいて求められる能力
ステークホルダー間の利害は必ずしも一致せずに相反することがある
株主
金融機関
顧客
従業員
仕入先
従業員の給与を上げれば、配当のための原資が少なくなる……
顧客への売値を安くするためには、仕入れ先に値引きを要求しなければ……
PMIではあらゆるステークホルダーの利益を最大化するスキルが求められる
経営職階に昇格できるのはごく一部で、かつサラリーマン人生のかなり後半になってから
つまり……
日本のサラリーマンの中から、クロスボーダーM&Aで買収・提携先の経営を任すことができる即戦力を見出すことは困難
日系企業の各セクションには優秀な人はいるが、経営のスキルを身につけるまでには至っていない!
<営業>
<製造>
<企画>
<人事>
<財務>
古くは松下幸之助氏や本田宗一郎氏、最近でもユニクロの柳井氏やソフトバンクグループの孫氏など名経営者と呼ばれる人は存在する。しかし……多くの企業にプロ経営者や起業経験者など、即戦力の経営人材はなかなかいないもの

7 アドバイザーとの潜在的利益相反

買収におけるFAの役割は、いうまでもなく買収を成功させるためのあらゆる助言を行うことです。ただそれは、買収がそもそもの事業戦略に合致し、結果、買収者の企業価値が向上することが前提となります。

●利益相反をもたらすFAの報酬体系

左の図にあるように、**FAへの報酬にはいくつか種類があります**が、最も重要なものがサクセスフィーです。買収者、つまりFAの雇い主は、案件がクローズした際にはフィーを当然支払いますが、オークションに負ける、交渉が決裂するなど、案件がクローズしないリスクはあります。したがって、着手金やリテーナーなど、クローズ前に払う金額を極小化したいと考えます。その結果、サクセスフィーの金額が最も大きなものになるのです。

サクセスフィーに偏った報酬体系である以上、FAには、何とか案件をクローズさせたいという動機が働きます。それはクライアントに多少の無理をさせても案件をクローズさせたいという動機です。オークションの中では、価格が高騰したりDDが不十分になったりすることはこれまでも説明してきました。それを無理して買収を進めれば買収後の減損リスクが増大し、PMIでの苦労も大きくなるでしょう。それが予見できるのであれば、FAは買収プロセスからの撤退をアドバイスすべきです。しかし何としても**サクセスフィーを獲得したいFAは、適切なアドバイスを必ずしも行わない可能性があるの**です。このように、報酬の構造によっては、買い手とそのFAとの間に利益相反が生じ、適切なアドバイスが提供されないリスクがあることはよくよく理解しておきましょう。FAは単なる案件クローズ請負人であってはいけません。大局的に見て、「やめろ」といってくれる人が真のアドバイザーなのです。

■ FAに対する報酬の種類

着手金
アドバイザリー契約が調印された際に支払われる報酬。契約前にもFAは様々な調査を行うことが一般的なので、その際のコストをカバーする目的もある。リテーナーフィーを容認する買い手からは敬遠される傾向がある
リテーナーフィー
FAの一定期間の活動に対して支払われる報酬。通常月次ベースで支払われる。案件が長引くことが予想される場合は買い手から敬遠される傾向があり、FAがいたずらに時間をかけないように「期間6か月」など時間の制約を設ける場合がある
マイルストーンフィー
LOIの締結、売買契約書の調印など、特定のイベントが完了した際に支払われる報酬。価値算定報告書の提出、デューデリジェンスの完了なども代表的なマイルストーンになる
サクセスフィー
案件がクローズした際に支払われる報酬。買い手としては案件をクローズさせることをFAのモチベーションにしたいため、ここに列挙したフィーの中では最大のものに設定する傾向がある。ただその構造ゆえに、案件を無理やりクローズさせようとするFAとの利益相反を発生させる原因となる。買い手に対するサクセスフィーは固定金額になることが一般的。一方、売却の場合は、高い値段で売れるほどフィーもスライドして上昇させるリーマンフォーミュラ※を課すことがある

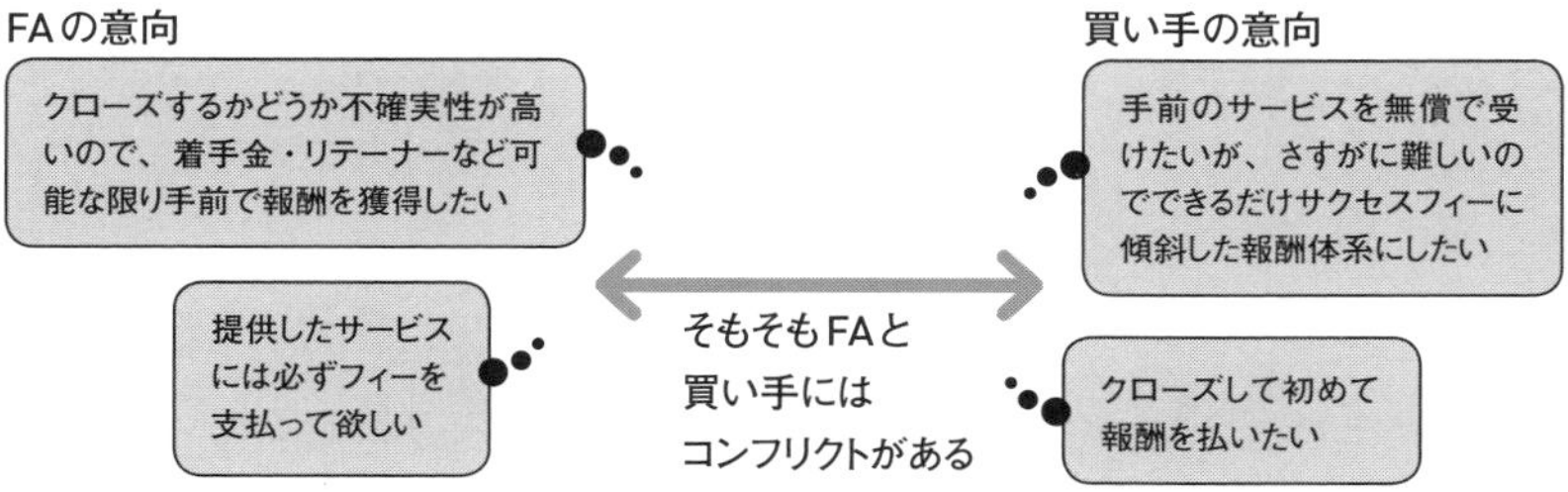
FAの意向
クローズするかどうか不確実性が高いので、着手金・リテーナーなど可能な限り手前で報酬を獲得したい
提供したサービスには必ずフィーを支払って欲しい
そもそもFAと買い手にはコンフリクトがある
買い手の意向
手前のサービスを無償で受けたいが、さすがに難しいのでできるだけサクセスフィーに傾斜した報酬体系にしたい
クローズして初めて報酬を払いたい

＜リーマンフォーミュラの例＞

	売却金額45億円の場合	売却金額55億円の場合
25億円以下の部分：5%	25億円×5%＝125百万円	25億円×5%＝125百万円
25〜50億円：3%	20億円×3%＝60百万円	25億円×3%＝75百万円
50億円超の部分：1%		5億円×1%＝5百万円
	フィー合計： 185百万円	フィー合計： 205百万円

・高く売却できるほどFAの取分は大きくなるので、売り手FAに対する大きなモチベーションを与えられる
・まれに買い手に対してもリーマンフォーミュラを提示するアドバイザリー会社があるが、買い手が高額の買収をするほどFAの取り分が大きくなるわけで、すでにコンフリクトが顕在化している。このようなアドバイザリー会社は採用すべきではない

※売却金額の上昇にスライドさせる代表的なものにリーマン（Lehman）フォーミュラがある

8 クロスボーダー案件における留意点

ここでクロスボーダー案件の難易度が高くなる理由を整理しておきましょう。

● 難しい現法のリサーチ

第1に情報のとりにくさが挙げられます。 国内案件であれば、買収案件が持ち込まれた場合、「ああ、あの会社ね」とイメージを持つことができますし、ホームページからも容易に情報が取得できます。ところが海外のターゲットとなると、企業規模がある程度のものでない限り、知らない会社がほとんどだといえます。近時、ホームページのない会社はさすがに少ないでしょうが、自国語のみのＷｅｂで英語化されていないとお手上げです。また、信用調査のような情報サービスはまず存在しません。

● 使い勝手が悪いＦＡの海外オフィス

このような情報の不足を補ってくれるのがＦＡですが、ＦＡのファームも海外案件になると海外チームと連携しなくてはならず、そこが国内案件と勝手の違うところです。大手のファームであっても、すべての国に支社を持っているわけではありません。インドネシアの買収案件をシンガポールオフィスの担当者が手掛けるということはよくある話です。またサービスの質も日本と同レベルでないケースも多々あり、これも案件執行時のハードルになります。

● ＰＭＩのハードルも様々

従業員のそもそもの経営スキルの欠如、言語能力の低さなどがＰＭＩとその後の経営を進める際の大きなハードルになるのですが、それに加えて商習慣や文化の違いがＰＭＩの難易度をさらに高めます。従業員のキャリア形成に対する考え方、宗教による生活習慣、コンプライアンス意識と様々な領域で経験したことのない差異と直面します。これらのハンドリングに相当労力を要することは容易に想像できると思います。

■ クロスボーダーM&Aにおける3つの弊害

●情報がとれない

そもそも社名を知らないし、業界の情報も持ち合わせていない

対象企業に関する信用情報がとれない

社名がわかっても、サイトが英語対応していなければお手上げ

有償の業界レポートがあるが非常に高額であることが一般的。金額の割には内容が薄い

➡帝国データバンクや東京商工サーチのような信用情報が取れるのは日本だけ

●FAの海外拠点の「あるある」

- レスポンスが遅い
- メールが長文で苦痛
- 案件の途中で退職する

時差もあると余計遅いように感じる

責任感が足りない

●PMIを難しくする諸要素

- 宗教に起因した生活習慣・商習慣が日本と異なる

イスラム教の国ではお祈りの場所と時間の確保、断食月の対応が必要

仏教国では出家のために退職する社員も少なからず存在する

- コンプライアンス意識の違いがある。特に新興市場においては政治と経済が密接であり、政治家・役人との距離感をどのようにとるべきかわかりづらい

政治家・役人が賄賂を要求する国も依然存在する

政治家・役人の汚職が常態化しているとそもそも一般人のコンプライアンス意識も低い

麻薬常用など反社会的行為に走るケースも……

- 従業員のキャリア意識の違い

企業への忠誠心は一般的に低く、他社からよいオファーがあればすぐに転職

巡礼・出家など宗教の影響は日本人が想像できないほど大きい

9 経済産業省の問題意識

２０１７年8月、経済産業省がＭ＆Ａの有識者を集めて、日本企業によるクロスボーダーＭ＆Ａの実態調査を行うと発表しました。その研究会のメンバーは左の図の通りで、産官学の各領域から、Ｍ＆Ａに携わるそうそうたるメンバーが集まっています。

● 巨額の減損事例が調査のきっかけ

このようなＭ＆Ａ賢者を招いて、海外のＭ＆Ａにおける実態調査をすることとなった背景は、本章１節で述べたように、買収はしたものの、巨額の減損や撤退などが相次ぎ、日系企業のクロスボーダーＭ＆Ａが決してうまくいっていないのではないかという懸念があったからです。特に日本郵政による豪オーストラリアのトール・ホールディングスの買収は７０００億円超の巨額なものでしたが、買収後わずか2年で業績が悪化し、何と４０００億円もの減損を計上したのです。第1章6節ではリーマン後のグローバルリーチの例として紹介しましたが、なんとも残念な結果になってしまったのです。

日本郵政は２０１５年の上場後も政府が60％超を保有していたこともあり、このような巨額の減損を買収直後に出すとは何事か、買収検討時に業績の悪化を見抜くことができなかったのか、など厳しい声が相次いで上がりました。この研究会は、そのような声を受けた世耕経済産業大臣（当時）の肝いりのプロジェクトでした。

この研究会では、Ｍ＆Ａの過程における課題を左の図のように仮説立てしました。その上で文献調査、データベースを活用した事例調査、実際の企業へのインタビューと3つのプロセスでこれらの仮説を検証し、海外のＭ＆Ａ案件において、失敗の原因を明らかにし、そのわなに陥らないための方策・フレームワークを作ろうとしたのです。

■ M&A研究会メンバー（敬称略、委員は50音順）

（座長）	宮島　英昭	早稲田大学商学学術院 教授
（委員）	井上光太郎	東京工業大学工学院経営工学系　教授
	岩口　敏史	株式会社レコフデータ 代表取締役
	太田　　洋	西村あさひ法律事務所 パートナー
	玉井　裕子	長島・大野・常松法律事務所 パートナー
	服部　暢達	早稲田大学大学院経営管理研究科 客員教授
	林　　　稔	株式会社KPMG FAS マネージング・ディレクター
	松江　英夫	デロイトトーマツ コンサルティング合同会社 パートナー

■ 仮説：M&Aのプロセスにおける問題点

●中長期の成長戦略の中でのM&Aの位置づけ、適切な買収先の選定、統合も見据えた事業戦略の欠如

●トップマネジメントのコミット・エンドースを含め、買収前後での一貫した体制が欠如

●インセンティブ構造を十分に理解しないまま、買収案件を持ち込んだアドバイザーの情報を鵜呑みにし、問題企業を買収した結果、事後に問題が露見

●DDにおけるシナジーやリスクの分析が不十分

●ディールの成立ありきになってしまい、本来買収すべきでない案件であることが発覚しても「勇気ある撤退決断」を行うことができない

●合併によるシナジーやバリューアップの実現に向けた詳細な買収後経営の青写真や統合計画が欠如

●被買収企業をマネジメントできる経営人材、M&Aを統括できる人材が不足

●買収後の被買収企業に対するグループ・ガバナンス体制の整備が不十分

●不十分なPMIで、期待した買収効果を上げられず

出所：経済産業省「我が国企業による海外M&A研究会　報告書概要」（2019年3月）

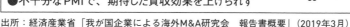

10 経済産業省による M&A研究会の報告書概要

● 実態調査の結果

研究会がまとめた報告書は180ページからなる大作で、様々な文献やデータベースでの事例収集、実際の企業へのヒアリングを通じ、クロスボーダーM&Aを実行する際のディール進行上の課題、買収完了後のPMIにおける課題などを浮き彫りにしました。特に多くの企業からヒアリングへの協力が得られ、興味深いケーススタディが盛り込まれています。

このレポートは非常に読みごたえがあるのですが、最大の意義を挙げるとすれば、「海外M&Aを成功に導く3要素」「海外M&Aを経営に活用する9つの行動」というクロスボーダーM&Aを目指す者にとっての普遍的な指針が、簡潔な数値目標と共に提言されたことだと思います※。

● 簡潔な指針：「成功の3要素」と「9つの行動」

「海外M&Aを成功に導く3要素」は、左の図のように、①M&A戦略ストーリーの構想力、②海外M&Aの実行力、③グローバルでの経営力の3つで構成され、そのいずれにも、経営トップのコミットが不可欠としています。

また**「海外M&Aを経営に活用する9つの行動」**は、ディールの準備段階（左の図ではプレディールと記載されている段階）、ディールの実行段階、ディールクローズ後のPMIの段階、ポストディールとして実行したM&Aを総括して次の準備をする段階の4つに分かれ、それぞれの段階で必要とされる行動指針が示されています。

ただ列挙されていることは非常にハイレベルなものであり、まさに経営トップのための（もしくは世耕大臣のための）ご進講資料という体裁になっています。本書の読者であるM&A実務者を目指す方に向けて、次節以降で理解を深めていきます。

※本書では一貫してクロスボーダーM&Aという表記をしているが、経済産業省の報告書では「海外M&A」としており、原文のまま使用する

■ 海外M&A成功に向けた3つの要素とトップのコミットメント

「目指すべき姿」とその実現に向けた道筋を
十分な時間や人材等のリソースを投入して検
討し、成長戦略・ストーリーとして具体化

①M&A戦略の
ストーリー構想力

経営のコミット

経営トップ自らが海外 M&A の本質を
理解し、リーダーシップを発揮するとと
もに、自ら主体的に関与・コミット

②海外 M&A の
実行力

③グローバル経営力

自社の成長戦略・ストーリーを実現
していくため、主体的・能動的に
個別のM&Aの各プロセスを実行

海外企業の経営を意識した人材・
体制整備や、海外 M&A を契機と
する一層の経営体制の変革により、
グローバル規模での成長を実現

海外 M&A を経営に活用する 9 つの行動

＜プレディール＞
行動 1：「目指すべき姿」と実現ストーリーの明確化
行動 2：「成長戦略・ストーリー」の共有・浸透
行動 3：入念な準備に「時間をかける」

行動 8：海外 M&A による自己
変革とグローバル経営力強化
行動 9：過去の経験の蓄積に
よる「海外 M&A 巧者」へ

【経営トップの
役割】
海外 M&A の本
質を理解し、腰
を据えてコミット

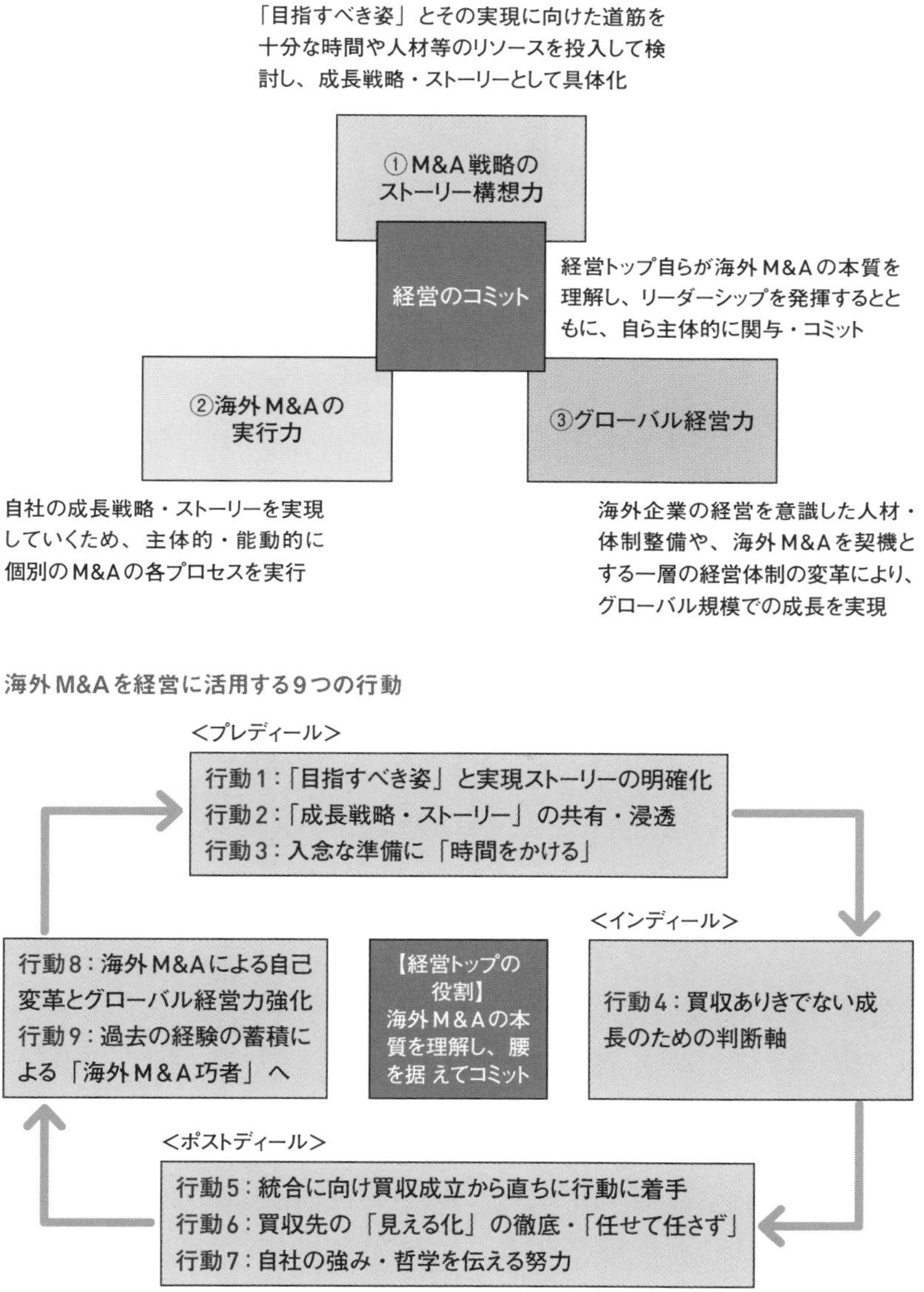

出所：我が国企業による海外M&A研究会 報告書概要 （2019年3月）

11

M&A研究会報告書の深読みポイント①：プレディール段階

● M&Aストーリーの作り方

報告書における「成功3要素」「9つの行動」のいずれにおいても、**事前準備におけるM&Aストーリーの大切さが述べられています**。また行動の1および2には「目指すべき姿・実現ストーリーの明確化行動」「成長戦略・ストーリーの共有・浸透」ということが説明されています。「今後3年1000億円のM&Aを実行」という中期経営計画で発表するレベルからもう一段踏み込んだM&Aのストーリーを作成しろ、ということでしょう。そのサンプルイメージが左の図です。驚くほど明快かつシンプルであることに驚くでしょう。M&Aストーリーの構想力などというと、どんな作文をせねばならぬかと身構えますが、**シンプルかつ具体的な形でM&Aの成功を定義することが大事**なのです。

● 買収ターゲットは「出物」から選ぶのか？

9つの行動の3番目に「入念な準備」ということが記載されています。自社の成長戦略に合致するターゲットですから、入念に選定することはいうまでもありません。しかしながらディール実行の段階になると、4番目の行動指針として「買収ありきではない」ということが記載されています。つまり、「勇気を持った撤退も選択肢に持て」ということなのですが、ここでは「出物ありき」でしかもオークションでのM&Aが想定されているようです。ここで根本的な疑問が生じてきます。つまり「入念な準備をする」ということと、出物ありきのオークションに参加するというのは一体なのかということです。自らの成長に資するような理想のM&Aターゲットは、For Sale※になるまで待たなくてはならないのでしょうか？　この点に関しては第5章9節以降で詳述します。

※売り手が売却を決定した状態、またはFAを雇うなどして売却プロセスを進行させている状態

■ M&Aの成功の定義

イメージ

オーガニック成長	ディール時に対象会社が提示した事業計画に沿った売上成長を実現し、20XX年度に5,000億円の売上を達成する
シナジー	ディール時に見込んだシナジーに加えて、買収会社と対象会社での共同検討を通じて20XX年度に500億円の売上シナジー（営業利益ベース）を達成する
コスト効率化	買収会社グループの既存資産・インフラへ設備投資・製造プロセス効率化をすることでコスト効率化を目指し、20XX年度に250億円のコストシナジーを達成する
コンプライアンス・リスク管理	買収会社グループの各種基準や方針を遵守するために、対象会社にグループ基準を導入する
人材・風土	買収会社グループのミッション・ビジョンなどを対象会社とも十分に共有し、お互いが尊重し合う関係を構築する

■ 買収ターゲットはイコール「出物」なのか？

A社
売却を決意し、
オークションを実施中

X社、Y社、Z社
売却の意向がないが、買い手から見てより大きなシナジーを実現できそうな企業

売却意向のない企業は、未来永劫ターゲットにはならないのか?
競争関係の中で買わなければならないのか?

12 M&A研究会の報告書の深読みポイント②：ディール実行段階とPMI

もう1つの深読みポイントは、9つの行動の内の「ディール実行」と「PMI」における各行動指針の関連性です。先述のようにディールの実行段階では、「買収ありきではない（行動4）」ということが書かれています。またPMIに関しては、「買収直後からPMIに着手（行動5）」、「任せて任さず（行動6）」、「自社の強み・哲学を伝える努力（行動7）」が記載されています。一見ロジカルに見えますが、行動4から行動5～7の間、すなわちディールの実行段階とPMIの間に大きなギャップがあるのです。

● PMI着手のタイミング

買収後、直ちにPMIに着手することは当然なのですが、クローズ後に買収者が「さあPMIやりますよ」といって行動5～7に着手できるものなのでしょうか？　答えはNOです。ではいつその準備をするかというと、ディールの実行段階、つまりDDの中においてなのです。DDの目的は対象会社を丸裸にして、企業経営上の問題点を明らかにすることです。DDで判明する事項は売り手や売買条件（価格）に関係することと、経営・経営陣に関することに大別されます。前者は案件のクローズに支障をきたす問題であり、後者は買収後のPMIに影響する問題です。成功の3要素には「海外M&Aの実行力」ということが書いてありますが、**DDにおいてPMIの事前準備をできることがM&Aの実行力そのもの**だということは、大いに強調せねばなりません。つまり事前設計が不十分であれば、M&A失敗の確率が高まるのです。したがって、ディールの実行段階における行動指針として、「PMIの設計を念頭にDDを行うべし」という内容が盛り込まれるべきだと思うのです。PMIを念頭においたDDの詳細については、次の章で詳しく説明したいと思います。

■ PMIにおける各行動指針の関連性

＜プレディール＞

行動4：買収ありきでない成長のための判断軸

すぐにPMIに着手できるか？

準備はいつするのか？

＜ポストディール＞

行動5：統合に向け買収成立から直ちに行動に着手
行動6：買収先の「見える化」の徹底・「任せて任さず」
行動7：自社の強み・哲学を伝える努力

■ PMIの着手は＜インディール＞のDDから

「成功の定義」
＋
ガバナンス・人事、財務、税務、法務DD

経営・経営陣・キーマンに関わる判明事項

売り手や売買条件に関する判明事項

この一連の流れが「M&Aの実行力」（第5章で詳述）

「買収ありき」ではない正当な案件評価

13 ジョイントベンチャー（JV）の失敗事例

ジョイントベンチャー（JV）は、パートナーと行う共同事業のことであり、それを運営する合弁会社のことも指します。JVのことを解説しないM&A教本もありますが、第2章1節で述べたようにこの本ではJVを広義のM&Aとして扱います。

株式の過半数を取得しても、これまでの株主・経営陣が対象会社に残る場合、その会社は買い手と売り手が共同で経営するJVだとみなすことができます。形式がJVであれM&Aであれ、パートナーと共に事業を運営していく場合、それを成功・失敗に導く要因は共通していますから一緒に議論・考察することが大切なのです。

● M&AとJVの違い

M&Aが日系企業に根づく前は、海外進出はJVの形態をとることが一般的でした。海外という未知の市場に参入する際、独資で無手勝流に攻めるのではなく、信頼できるパートナーと共同事業をしようという発想です。JVはM&Aに比べて投資金額が僅少で済みます。またパートナーの株式を取得するわけではありませんので、DDの範囲も限定的になります。

● M&AとJVの共通点

しかしM&Aと同様に相手のあることですから、時間の経過とともに、様々な問題がでてくるものです。左の図にはJVにかかわる代表的な「困りごと」を列挙しました。その多くがパートナーとの関係に起因していますが、それはJVにおけるPMIに問題が生じていることに他なりません。

新しいJVを設立する際には、M&A同様、どのようなパートナーを選定するか入念な準備を行い、JVの成功の定義をしっかり定め、PMIを遂行せねばなりません。JVにおいてもM&Aのプロセスと同じことが必要とされるのです。

■ M&AとJVの相関図

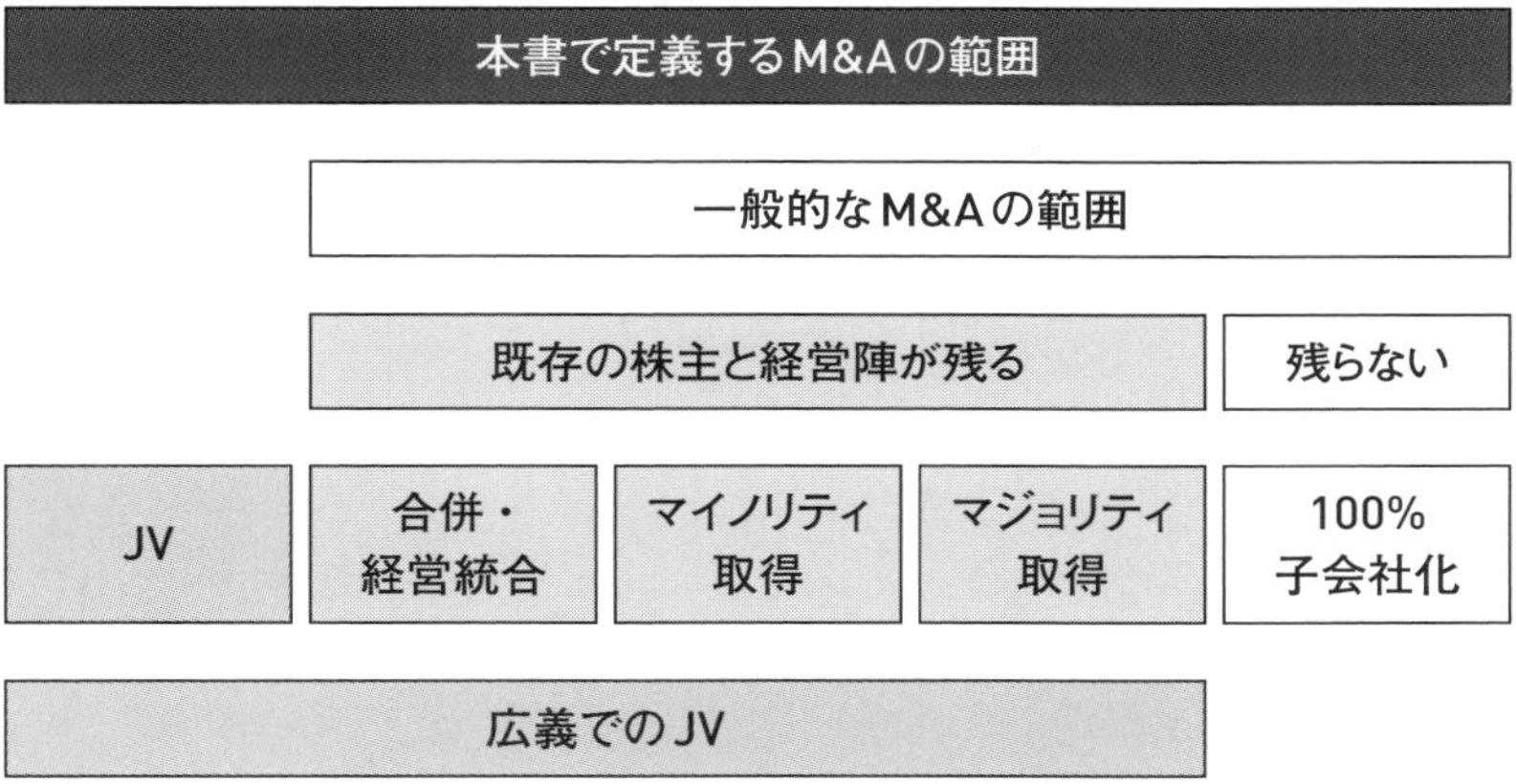

●JVにおける「困りごと」の例

- パートナーが力不足で期待通りの役割を果たしてくれない。逆にパートナーが強力過ぎてコントロールできない
- JV設立時に目的・ビジョンの共有が不十分であったため、時間の経過とともにJV運営にギャップが生じてきた
- JV設立後のPMIが不十分でかつKPIの設定が曖昧であり、業務運営に非効率性が残る
- そもそもJVにおける役割・責任が不公平である（一緒に汗をかいてほしかったのに……）
- JV運営会社が、その運営を巡って日本本社とパートナーの板挟みになる
- 技術移転や知的財産の扱いに関わる議論が不十分かつ契約書にも規定がないため、重大な利益相反が生じてしまった
- JVにおけるリスク管理が不十分で、パートナー側に起因する不祥事に発展しないか心配だ

Summary

クロスボーダーM&Aの約7割が何らかの問題を抱えてきた、という衝撃的な事実からこの章が始まりました。経済産業省の研究報告書にも触れながらクロスボーダーM&Aの失敗の原因を探ってきましたが、それらをまとめると「M&A戦略の欠如」「高値掴みとDDの不足」「PMIの失敗」の3点となります。

2つ目に関しては「オークション案件への参加」と置き換えてもよいと思います。そうするとM&Aの成功とは、上記3点の裏返しで「中期経営計画に合致したM&A戦略の立案」「最適なターゲットとの相対交渉」「経営能力を持つ人材によるPMIの実践」のように定義できるでしょう。

第5章は「M&A勝利の方程式」と題して、この3点をどのように実践していくかを解説していきます。

第4章11節で私は「理想のＭ＆Ａターゲットが売却モードになるまで待たなくてはならないか」と疑問を呈しました。第5章ではウィッシュリストの活用というアプローチでこの問題を解決していきます。そしてそのアプローチがオークション案件を排除し、相互のウィンウィンの状況を構築できる可能性があることを説明します。

日本人サラリーマンの経営スキルの不足についても述べました。海外におけるPMIの難易度が高いことはいうまでもありませんが、M&Aを成功に導くためには、DDをしっかり活用したPMIの入念な準備と実践しかありません。もちろん外部アドバイザーも併用すべきですが、そこで求められるアドバイザーの資質についても解説します。それでは本書の最大のポイントである「M&A勝利の方程式」に論を進めましょう。

第5章

M&A勝利の方程式

1 一般的な買収案件の発掘方法

一般的なM&Aの教科書では、買収ターゲットを選定する方法として、**ロングリストの作成、ショートリストへの絞り込み、買収可能性のある先への打診、というようなプロセス**の解説がなされています。

● ロングリストとショートリスト

ロングリストとはその名の通り候補先名がたくさん含まれた長いリストで、買収したい業種に属する企業を、データベースを使って抽出するものです。その中から、中期経営計画での成長戦略にフィットする先を慎重に選定することになりますが、それに加えてターゲットの事業規模や財務体質、ロケーションなどでフィルターをかけて5社ほどに絞り込んだものが**ショートリスト**です。ただし、ショートリストに入っている会社に売却の意思があるかどうかはわかりません。ここでFAの知見を活用し、売却の可能性のある先を見いだしていくのです。

● ショートリストに潜むわな

このアプローチの留意点は、ターゲットにおける売却意向の有無が最大のポイントになっているという点です。売り手を探すわけですから当然なアプローチなのですが、仮にショートリストが戦略上のフィットの高さによって序列づけされていても、結局は「出物があるかどうか」のアプローチを行っていることにお気付きでしょうか。リスト最高位のターゲットから売却意向を引き出せればよいのですが、リスト最下位の企業にしか売却意向がない場合には、望ましくない相手との買収を検討することに他ならず、せっかく検討した戦略上のフィットは何だったのか、ということにもなります。またターゲット企業側に売却意向があるのであれば、FAを雇って売却のオークションに進むかもしれません。これはまさに第4章で解説した「M&Aが失敗する」流れなのです。

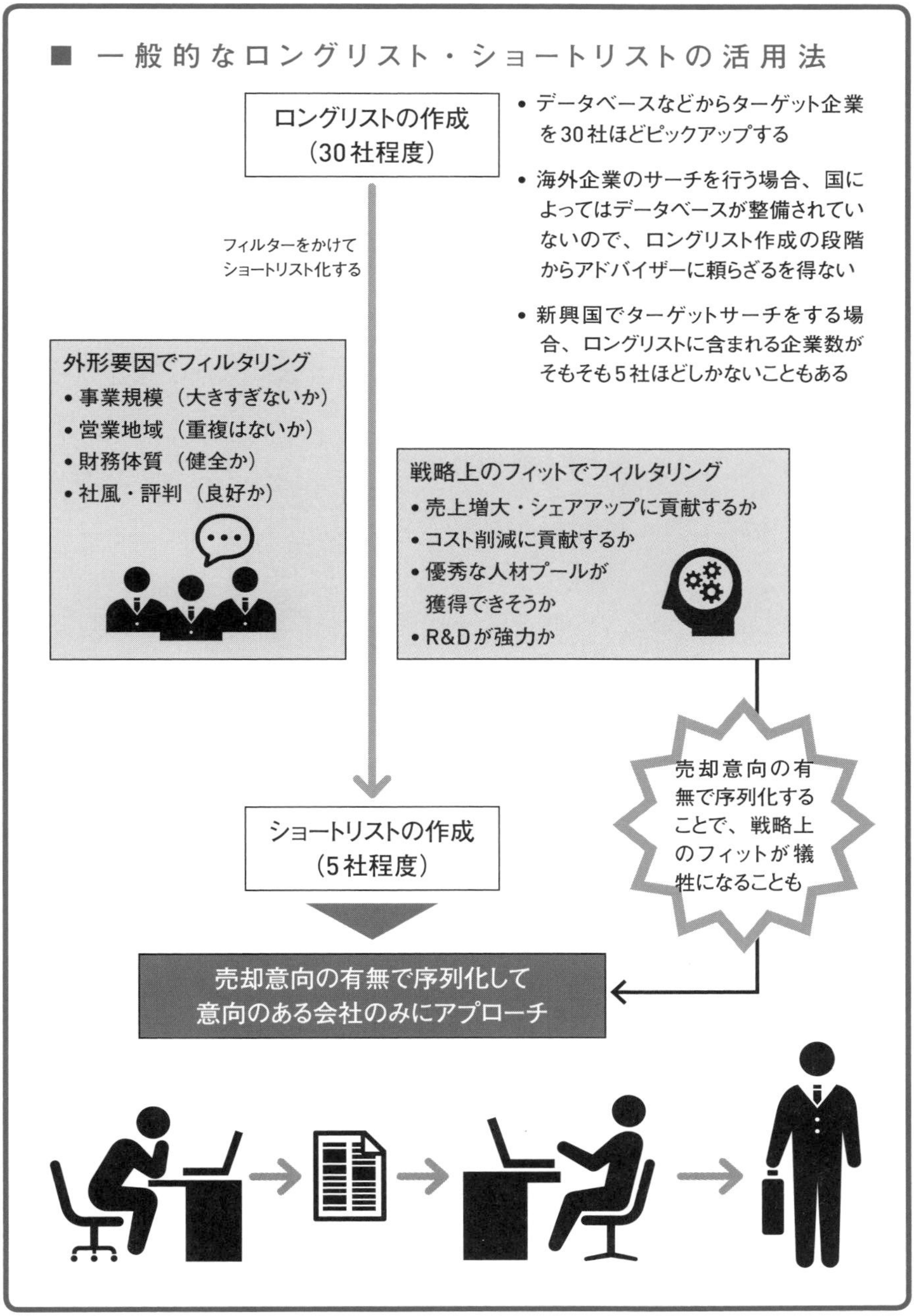
■ 一般的なロングリスト・ショートリストの活用法
ロングリストの作成
（30社程度）
• データベースなどからターゲット企業を30社ほどピックアップする
• 海外企業のサーチを行う場合、国によってはデータベースが整備されていないので、ロングリスト作成の段階からアドバイザーに頼らざるを得ない
• 新興国でターゲットサーチをする場合、ロングリストに含まれる企業数がそもそも5社ほどしかないこともある
フィルターをかけて
ショートリスト化する
外形要因でフィルタリング
• 事業規模（大きすぎないか）
• 営業地域（重複はないか）
• 財務体質（健全か）
• 社風・評判（良好か）
戦略上のフィットでフィルタリング
• 売上増大・シェアアップに貢献するか
• コスト削減に貢献するか
• 優秀な人材プールが獲得できそうか
• R&Dが強力か
売却意向の有無で序列化することで、戦略上のフィットが犠牲になることも
ショートリストの作成
（5社程度）
売却意向の有無で序列化して
意向のある会社のみにアプローチ

2 ショートリストではなくウィッシュリストを活用

私が買い手に提唱するのはショートリストではなく、ウィッシュリストの活用です。**ウィッシュリスト**は買収や提携をぜひ行いたいと「願う」先のみをリストにしたものです。内容的にはショートリストとほぼ同じになると思いますが、とにかく戦略上のフィットに力点をおいてターゲットを選定します。ですからリストに載るのはせいぜい2～3社というところでしょう。このようなウィッシュリストは、外部のFAに依頼するというよりは、経営戦略を練る部署において作成されるべきものです。当然、自分たちが仮説として持っている「戦略上のフィット」を検証してもらうためにFAを使うことはあってもよいと思います。

● FAリスト作成のFAへの丸投げは禁物

私の会社にも「買収を検討しているのでロングリストの作成からサポートしてほしい」という依頼がよくきます。しかし、私はこのアプローチは推奨しません。依頼主の「魂胆」は、複数のアドバイザリー会社に同様の依頼をし、一番よい候補先を持ってきたところをFAにしようというものです。アドバイザリー会社といっても世界中の会社の内情を知っているわけではありません。ですからショートリストに含まれるのは、そのアドバイザリー会社がツテを持っている企業と、「売却の可能性がある」と踏んでいる企業です。私が推奨しないわけがおわかりでしょうか？　ここでも「出物ありき」のアプローチに帰結してしまうからです。

多くのアドバイザリー会社はクライアントの戦略性とのフィットなどいちいち気にしません。アドバイザリー会社にとってのショートリストは、M＆Aを発生させるための売り物の提示であり、収益機会の確保が主目的なのです。それは要するに「M＆Aが失敗する」流れと同じものなのです。

■ アドバイザリー会社にショートリストを作らせる“魂胆”とその帰結

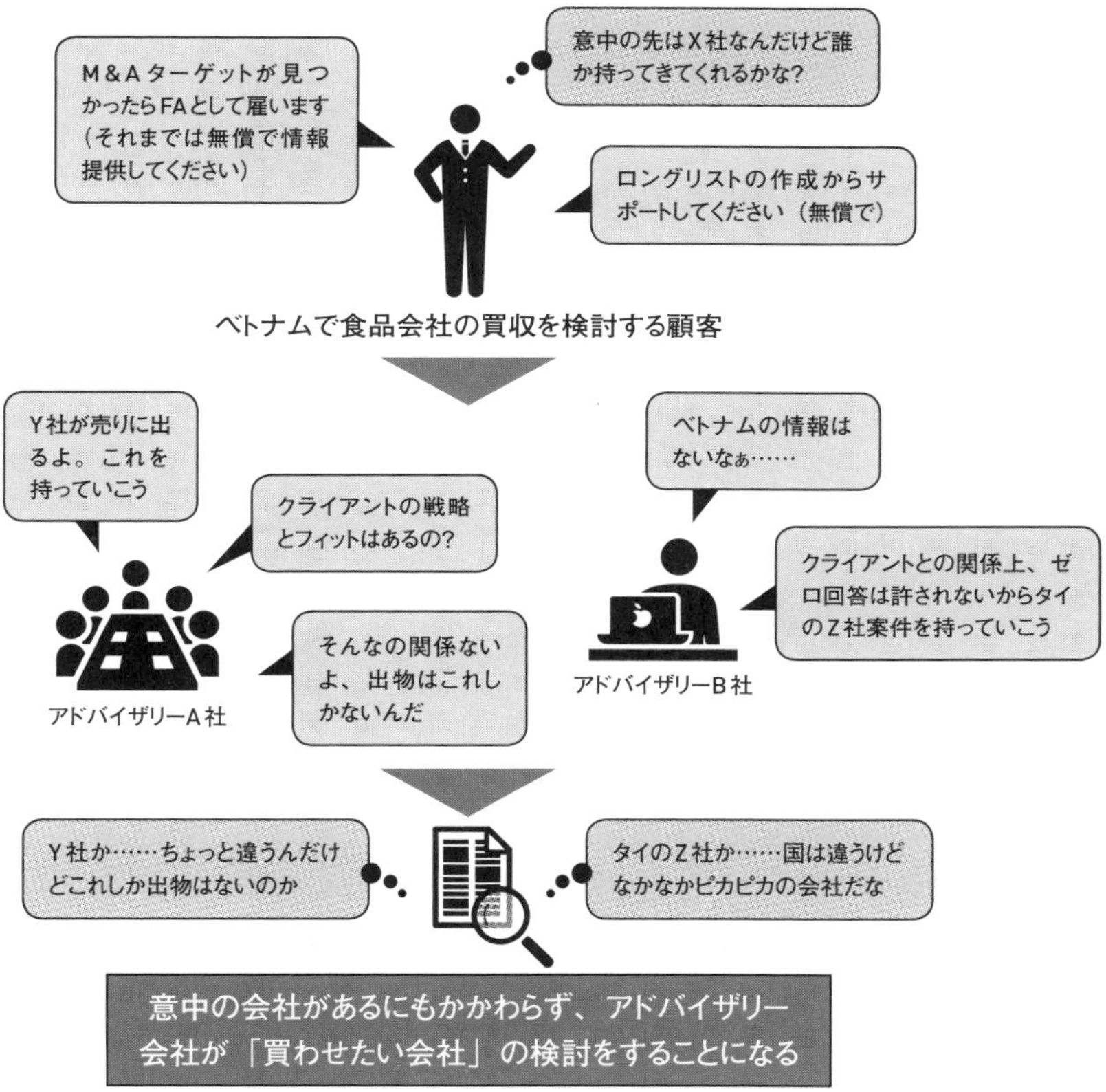

■ ショートリストとウィッシュリストの違い

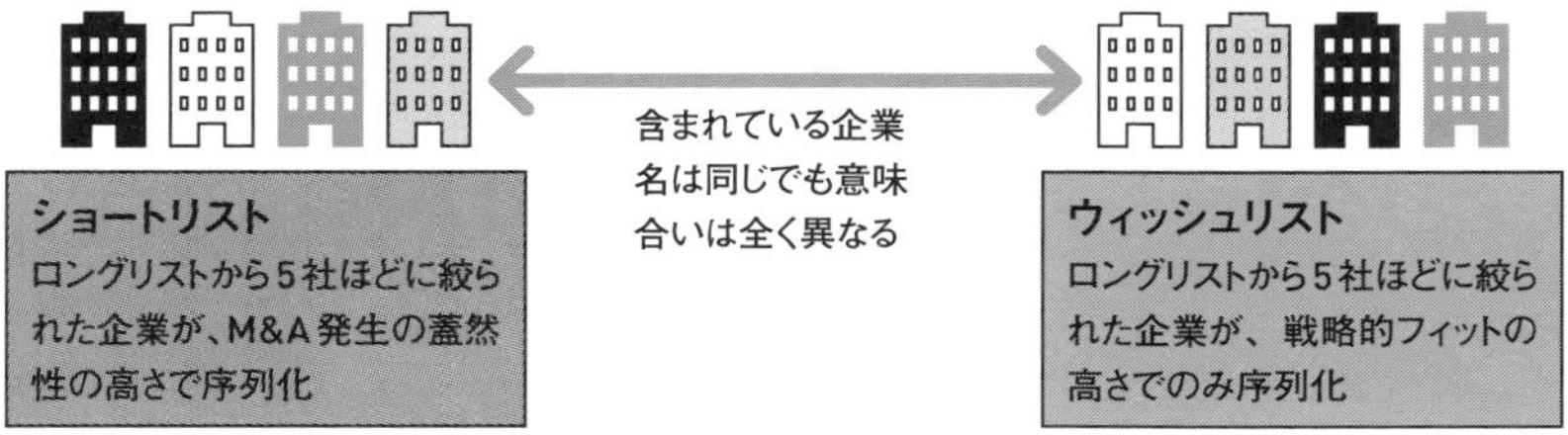

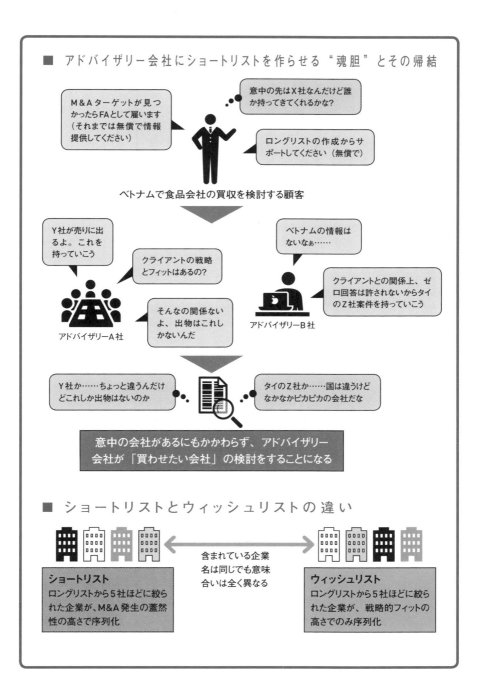

3 ブローカーとアドバイザーの違い

ターゲット選定にかかわるFAの活用方法を説明する前に、ブローカーとFAつまりアドバイザーの違いを説明しておきましょう。

●ブローカーのビジネスモデル

ブローカーは売買の仲介をする人です。株、商品、不動産などの取引において売り手と買い手を仲介し、見返りに仲介手数料を取得します。売り手・買い手の少なくとも一方の情報を多量に持っている必要があり、それがブローカーの付加価値となります。売買の成立にフォーカスしますので、買うべきか（売るべきか）というアドバイスは基本的に行いません。そのため買い手は、情報の非対称性がある中、購入するか見送るかの判断を自分で行う必要があります。

●M&Aに必要なのはアドバイザー

しかしながら**クロスボーダーM&Aにおいて仲介モデルは成立しません**。なぜなら日系企業にとっての買収案件は豊富に存在するわけではないからです。また非常に大きな情報の非対称性が存在しますが、社運をかけたクロスボーダーM&Aにおいて、買い手が独自で買収するか否かの判断をすることができないからです。

したがって**FA（アドバイザー）の役割と付加価値は、業界知見・リレーション・同種案件での経験を駆使して、目の前の情報の非対称性をどれだけ排除できるのかということ**になります。換言すれば、未知の市場において、買収の判断に十分な情報を与えてくれる存在がFAだということです。売り案件を持ち込み、そのことを手柄にFAへの就任（報酬の取得）を目指す会社がありますが、それは極めてブローカー的なアプローチだといえます。そのようなアプローチをしてくる会社に、FAとしての付加価値を期待することは難しいと思ってよいでしょう。

■ 付き合ってはいけないブローカー的アドバイザリー会社

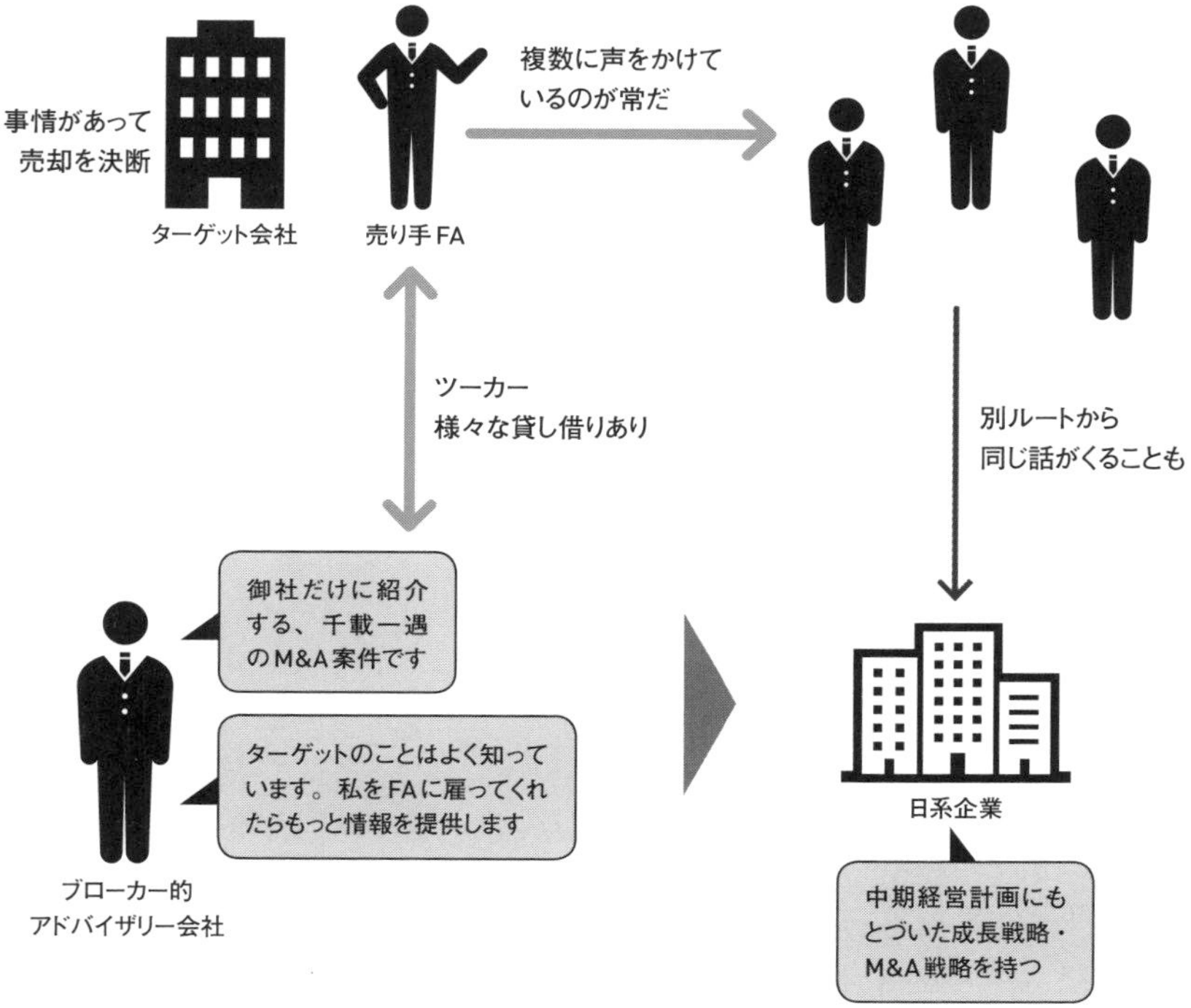

事情があって
売却を決断
ターゲット会社
売り手FA
複数に声をかけて
いるのが常だ
ツーカー
様々な貸し借りあり
別ルートから
同じ話がくることも
御社だけに紹介
する、千載一遇
のM&A案件です
ターゲットのことはよく知って
います。私をFAに雇ってくれ
たらもっと情報を提供します
ブローカー的
アドバイザリー会社
日系企業
中期経営計画にも
とづいた成長戦略・
M&A戦略を持つ

●ブローカー的アドバイザリー会社の特徴

- 日系企業の戦略などお構いなしに「出物」を強力に推奨してくる
- 「相手を知っている」ことが唯一のよりどころ
- 実は「よく知っている」のはターゲットではなく売り手のFAだったりする
- 「御社だけに……」といいながら、別ルートでも話が出回っている
- 企業価値算定のスキルは極めて怪しい
- ましてやDD・PMIのアドバイスは望むべくもない
- 実質的に「紹介」しかしないのにフィーは非常に高額
- しかも買い手に対してリーマンフォーミュラを適用したりする（第4章7節参照）

4 ターゲット選定でのFAの活用①：既知のマーケットの場合

国内はもちろん、海外であってもすでに進出している国であればターゲットのイメージはつかみやすいものです。

●ウィッシュリストの作成

まずM&Aを企画する部門は、海外拠点と連携して対象国における**自社の競争環境を分析・把握します**。海外拠点では日々現地企業との競争にさらされていますから、現地で圧倒的地位を占めるメジャープレーヤーが誰か、それに続く中堅プレーヤーが誰かをよく知っているはずです。企画部門と海外拠点は連携して、中期経営計画に沿う形で**対象国の事業を強化するために現地のどのような企業を買収もしくは提携すべきかをとりまとめます**。こうしてできたものがウィッシュリストになります。このようにしてリスト化されたターゲットと、アドバイザリー会社が「売り物ですよ」として持ってくるターゲットでは質が全く異なることがわかるでしょう。

●FAの効果的な選定方法

私がFAを選択する立場にあるなら、ショートリストを持ってこいというリクエストではなく、自分がすでに持っているウィッシュリストを示し、その会社へのアプローチ方法を提案させます。あわせて自分たちが考えている戦略上のフィットについても意見を聞き、最も優れた提案をする先をアドバイザーとして任命します。その上で、アドバイザリー会社が「この会社も候補に加えるべきだ」というターゲットを提示するのであれば、それは検討してもよいでしょう。いずれにしても、**戦略上フィットするターゲット候補を示し、それらを買収・提携のテーブルにつかせるアイデアと力量のある先をFAとすべき**なのです。どのように交渉のテーブルにつかせるかについては、本章6節にて詳述します。

■ ウィッシュリストを活用したターゲット選定

アプローチ方法、出資・提携の形に帰結させる方法を提案してください。最も優れたアイデアを提示した先をFAとして雇います

弊社の中期経営計画から、次の3社とのフィットが高いと考えています

タイで不動産開発会社の
買収を考えている買い手

▼

買い手の考えるウィッシュリスト

アルファ社
ベータ社
ガンマ社

「アルファ社は最近大型買収を行い、財務体質が悪化している。資本提携のニーズは受け入れるかもしれない」
「しかもその企業のPMIで苦労していると聞く。それを助けてくれるパートナーの導入には前向きかもしれない」

「ベータ社はアルファ社に次ぐ業界2番手だが、ガンマ社の追い上げでシェアを急速に失っている」
「資金不足で土地の仕入れが上手くいっていないね。資本増強のニーズはありそうだ」
「日系企業の信用力でファイナンスが安定するとベータ社へのメリットは大きいね」

「リストには載っていないがシグマ社が面白いのではないかと思う」
「オーナーは高齢だが後継者がいない。いきなり過半数の売却が可能になるかもしれない」
「業歴が長いから、いい場所に土地をたくさん持っているのも強みだね」

- ショートリストを持ってこいというリクエストをした時と、アドバイザリー会社の動き方が違うことは自明
- 買い手は自身が示したウィッシュリストに対してウィンウィンを設計できるアドバイザリー会社を選択することになる

5 ターゲット選定でのFAの活用②
未知のマーケットの場合

未知のマーケットへの進出は、海外への新規進出が典型的です。また国内やすでに進出済みの海外において、今までに経験したことのない新業態へ参入する場合も当てはまります。

● 市場調査の項目

未知のマーケットとは、ウィッシュリストを持つに至らない市場ともいえます。市場に対する知見がないわけですから、**まず市場に対する理解と洞察を得ることから始める**ことが必要になります。

市場調査の項目としては、市場規模と成長性、主要なプレーヤー、プレーヤー間の競合状態、参入の余地、参入の方法などが挙げられます。参入の余地を検討する場合、参入者のビジネスモデルが対象地域において競争優位を持つかどうかが非常に重要になります。また参入の方法も、単独の参入、現地企業の買収、現地企業との提携と様々な方法があります。これらを網羅的に調査するには、非常に高度な専門的知識を必要とするため、アドバイザリー会社を起用するのです。

● アドバイザーの付加価値

アドバイザリー会社に特に期待したいのは、参入余地の検証と、パートナー選定に対するアドバイスです。参入者の製品やサービスが、現地の既存プレーヤーを相手にどれだけ競争優位を持つかの分析がまず必要となります。その市場における既存プレーヤーたちは日々競合しており、自らの企業価値を高め、競争を勝ち抜くにはどうしたらよいかを常に考えています。そのような既存プレーヤーのニーズと、新規参入者の付加価値を結びつけ、買収や提携の形にリードできるようなアドバイザーを選びたいものです。選定されたパートナー候補がここでのウィッシュリストになります。

■ 未知のマーケットでのターゲット候補選定までの流れ

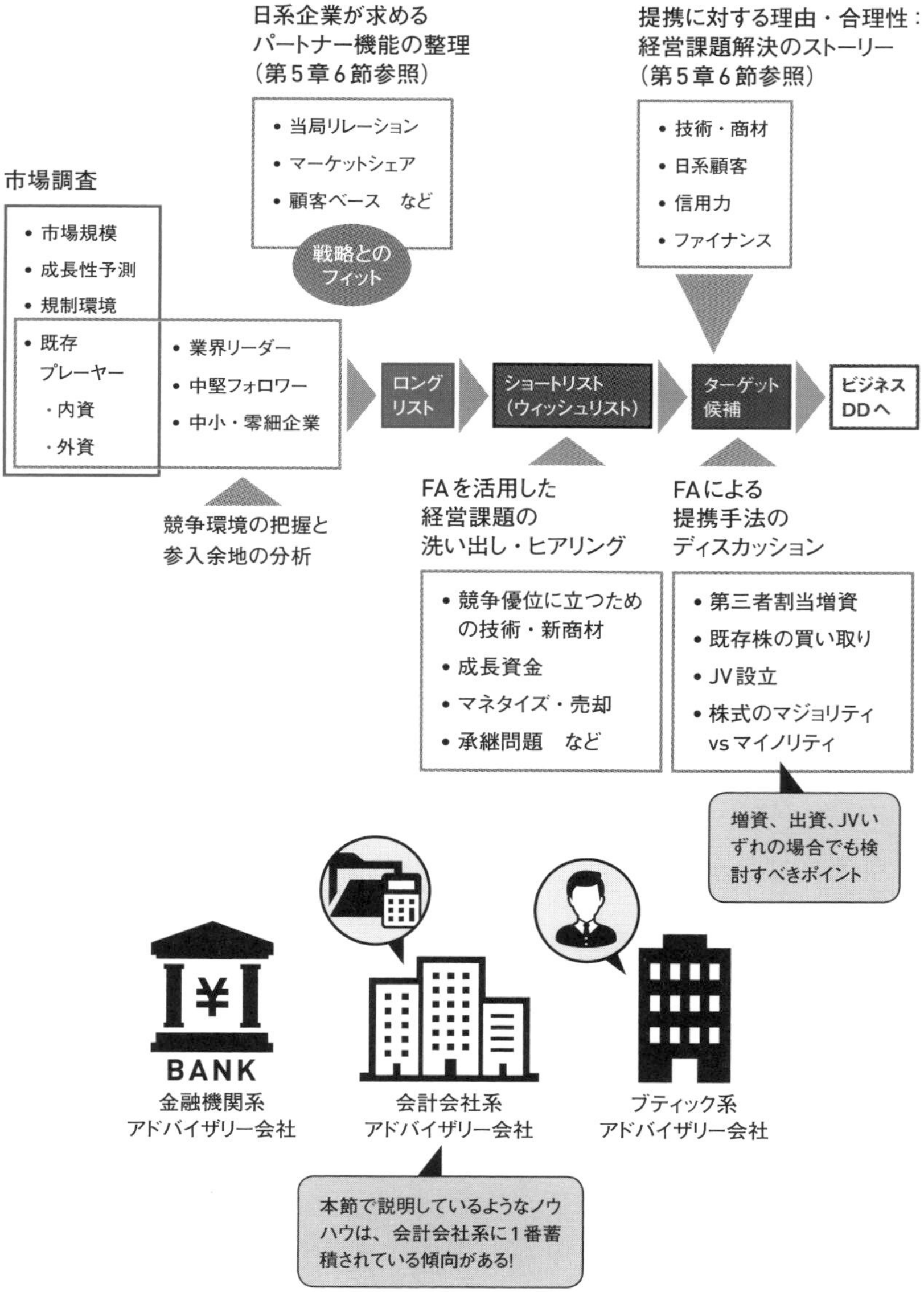

日系企業が求める
パートナー機能の整理
（第５章６節参照）
• 当局リレーション
• マーケットシェア
• 顧客ベース　など
戦略との
フィット
提携に対する理由・合理性：
経営課題解決のストーリー
（第５章６節参照）
• 技術・商材
• 日系顧客
• 信用力
• ファイナンス
市場調査
• 市場規模
• 成長性予測
• 規制環境
• 既存
プレーヤー
・内資
・外資
• 業界リーダー
• 中堅フォロワー
• 中小・零細企業
ロング
リスト
ショートリスト
（ウィッシュリスト）
ターゲット
候補
ビジネス
DDへ
競争環境の把握と
参入余地の分析
FAを活用した
経営課題の
洗い出し・ヒアリング
• 競争優位に立つための技術・新商材
• 成長資金
• マネタイズ・売却
• 承継問題　など
FAによる
提携手法の
ディスカッション
• 第三者割当増資
• 既存株の買い取り
• JV設立
• 株式のマジョリティ vs マイノリティ
増資、出資、JVいずれの場合でも検討すべきポイント
BANK
金融機関系
アドバイザリー会社
会計会社系
アドバイザリー会社
ブティック系
アドバイザリー会社
本節で説明しているようなノウハウは、会計会社系に1番蓄積されている傾向がある!

6 ウィッシュリストの相手に対する打診

ウィッシュリストにある相手に打診をする場合、留意しなくてはならないのは、相手が必ずしもFor Saleになっていないということです。「売り物」を前提にしたショートリストではないのですから、これは当たり前です。アジア通貨危機やリーマンショックの直後ならいざ知らず、平時において隆々としている企業の株主が売却を考えている可能性は高くありません。

● 相手に提供できる付加価値を定義する

ただし、ターゲットも競争環境にあり、企業価値を向上させたいと考えていますし、何らかの経営課題は必ず抱えています。これらの解決に資する前向きな提案は常に歓迎されるものです。

相手に打診をする場合は、相手の何がほしくて買収・提携提案しているのかを明確にします。同時に、相手が資本を渡す見返りに何を得られるのかも明示するのです。**日系企業がターゲットに提供できるものは左の図にあるように多々あります。**特に日本企業の製品やサービスのクオリティの高さは、欧米・中国企業に比べても高く、高い競争力を誇っています。

● ウィンウィンとなるストーリーを設計

打診の際には、「**自分と提携することであなたの経営課題はこのように解決できる**」という双方ウィンウィンとなるストーリーが重要です。相手に刺さるストーリーの構築には、経験豊富なアドバイザーの関与は必須でしょう。

このようなウィンウィンのストーリーを携えて相手を訪問すれば、必ず話は聞いてくれます。私はこの方法を常に実践しており、JVの設立、マイノリティの資本業務提携はもちろん、株式の過半数以上を取得する買収案件にも仕立てたことがあります。これは「出物ありき」の従来型アプローチとは一線を画す新しいM&A機会の追求方法なのです。

■ “Take & Give” の発想で行うウィンウィンのストーリー設計

＜相手の何を活用したいのか “Take” を整理＞

- 製品やブランド
- 顧客やマーケットシェア
- 販売網
- 保有不動産の活用
- 隣国への足がかり　など

＜ターゲットの経営課題の把握＞

- 競争力アップのための新しい商材がほしい
- 成長資金を調達したい
- 保有株の一部を現金化したい
- 後継者問題がある　など

＋

＜ターゲットに提供できるもの “Give” の整理＞

- クオリティ・コントロール（品質管理）
- オペレーションノウハウ
- 安心安全のイメージ
- ファイナンス　など

＜ウィンウィンのストーリー例＞

- 第三者割当増資にて100億円の資本増強
  →これを用いて工場の設備を一新
- 高齢のオーナーの株式の一部を買い取り
- 製造ラインに日本人を派遣し、オペレーションの改善に協力
- 日系企業の顧客を紹介し、販路の拡大をサポート

ポイント

FAのサポートを受けて、相手の経営課題に対する解決策を提案しつつ、M&Aの形態に仕立てる

7 事業モデルを検証するビジネスＤＤ

相手が打診を受け入れて提携に初期的興味を示した場合には、**ビジネスＤＤ**を開始します。これは第5章5節で示した「未知の市場に参入するための市場調査」と類似しています。ただし、その節で述べた市場調査が、文献やデータベースなどを用いたデスクトップ上での調査であるのに対し、このビジネスＤＤは、**対象会社と守秘義務契約を交わし、彼らから生のデータや経営管理資料を入手して分析を行う**点が決定的に異なります。デスクトップリサーチで立てたウィンウィンの仮説を、リアルな資料にもとづいて相手とともに検証する作業といってよいでしょう。

● 情報開示を受けての分析実施

調査をする主な項目は左の通りとなり、それに必要な資料をリクエストすることになります。ここで留意しなくてはいけないのは、相手はまだあなたの会社と取引をすると決めたわけではないことです。したがって、**ＤＤとはいっても、詳細な全範囲でのＤＤに足りる資料は期待できません**。限りある資料を使いながら、自分が立てたウィンウィンの仮説を検証するには、自社で一方的に分析するのではなく、ターゲットの経営陣と対話しながら、共同で作業を行った方が効率的です。第3章10節でマネジメントインタビューについて説明しましたが、それを前倒しでやっていると考えればよいと思います。

● 事業モデルの分析手法

よく使用される分析手法としてＳＷＯＴや5フォースなどがあります。ＳＷＯＴはターゲットの「強み」「弱み」「今後発生する事業機会」「将来的な事業上の脅威」の4項目を分析するものです。提携により弱みがなくなり、将来の「脅威」にも対抗できることが予見されるのであれば、それはまさにウィンウィンが実現されていることに他ならないのです。

■ ビジネスDDの範囲

企業情報

ターゲット会社のビジネスモデルの把握

ターゲット会社自身による市場の競合分析資料の入手とその理解

製造・流通

製造キャパシティの把握と製造拠点・設備の視察

販売ネットワークの把握と販売現場の視察

製品

企画・開発部門の能力の把握

新製品のパイプラインの把握

組織構造と意思決定構造の大まかな把握

デスクトップでの調査を、相手の経営資料を活用しながら裏付け、仮説の誤りがないかを確認。内情を知ることで経営課題への理解を深め、ウィンウィン設計の材料とする

■ 代表的な分析ツール

●SWOT分析

Strength（強み）	Weakness（弱み）
Opportunity（新たな機会）	Threat（現状に対する脅威）

●5フォース分析

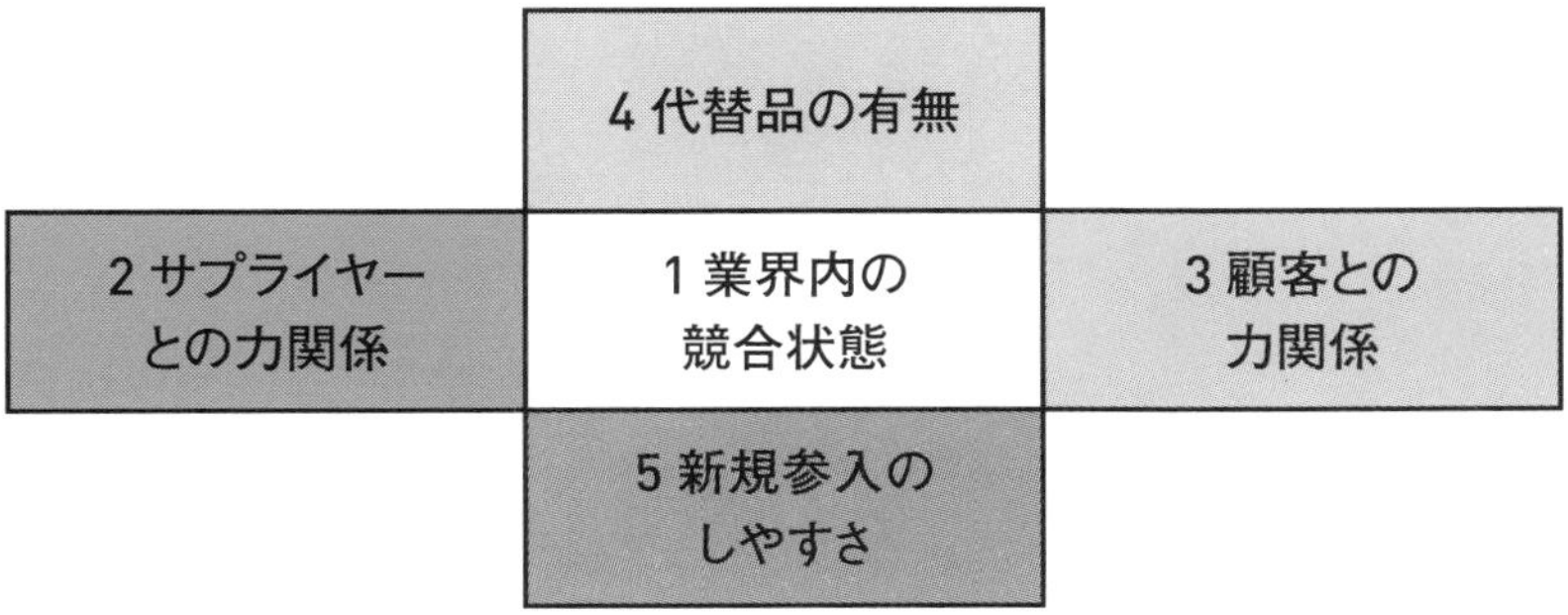

8

リターンの計測とその種類

ウィンウィンの絵が機能するかどうかは、その提携モデルがどのようなリターンを双方にもたらすかで決まってきます。ここで投資対象のターゲット会社や事業の価値算定が必要になってきます。

企業価値や株式価値の算定方法には左の表のように様々なものがありますが、M&Aの実務においては**DCF法**による評価結果をベースとし、類似会社比較法や類似取引比較法での評価結果を加味して総合的に判断するのが一般的です。

●ここでも必要なウィンウィンの設計

ウィッシュリストにもとづいて打診する場合、相手は必ずしも売却モードではないことはすでに述べました。このような場合、既存株式の売買ではなく、対象会社に対して第三者割当増資をすることもあります。新株を発行した場合、既存株主の持ち分は希薄化しますので、何の成長もなければ、既存株主の配当は単純に減少します。

しかし新しい資金を用いることで、製造設備の増強、販売網の拡張、隣国への進出、ライバル会社の買収など、企業価値・株主価値を向上させる様々な施策を打つことが可能になります。持分が希薄化しても、売上や利益が拡大することで、配当の取り分が以前より大きくなれば、すなわち、保有株式に対するリターンが向上すれば、これはターゲット会社とその株主にとってもありがたいことであり、まさにウィンウィンの実現なのです。

DCF法は、増資や提携のシナジーによる効果を将来のキャッシュフローに盛り込むことができますので、提携の効果を相手に示す際にも優れた手法となります。ただし、第三者割当増資を行うにあたって行う価値算定は、当然ターゲットの現状のビジネスモデルにおいてなされなくてはなりません。

■ 企業価値や株式価値の算定方法

インカムアプローチ
将来期待される収益やキャッシュフローを、その実現に見込まれるリスク等を考慮した割引率で割引くことにより企業価値評価を行うもの

DCF法（Discounted Cash Flow法）
- 企業が生み出す将来のフリーキャッシュフローを、現在価値に引き直して企業価値を算定する方法で、M&Aの実務で最も利用されている手法
- 経営改善やシナジーの効果も、将来のキャッシュフロー予測に盛り込むことで企業価値に反映させることができる点がメリット
- 他方、そのようなキャッシュフロー予測の客観性をどう担保するかは常に議論となる。加えて、割引率の水準で評価値が大きく変わることも留意点

配当還元法
- 将来の各期の期待配当額を現在価値に引き直して株式価値を算定する評価方法で金融機関の評価に用いられる

マーケットアプローチ
市場において成立する価格をもとに企業価値を算定する手法

市場株価法
- 市場株価法は、評価対象企業が上場会社である場合に利用される
- 一時的な株価の騰落といったマーケットの影響を排除するため、毎日の終値を1～3ヵ月程度の期間で平均を取り、これを評価額とするのが一般的

類似取引比較法
- 類似するM&Aによる取引事例を用いた手法
- 売買当事者の個別事情※によって価格が形成されている場合には、適正価格から乖離している可能性があるので留意が必要

類似会社比較法（マルチプル法）
- 類似会社比較法（マルチプル法）は、評価対象企業の類似会社にあたる上場会社の株価が、純利益、EBITDA※※、純資産などの指標の何倍になっているかから企業価値を算定する手法
- どの企業を"類似"とするかによって結果が大きく変わるため、類似企業の選定基準が論点となる

コストアプローチ
会社の純資産を基準に企業価値を評価する方法。企業が作成する財務諸表を前提とするため客観性に優れているが、将来のキャッシュフローと無関係に資産価値が算出されるため、M&Aの際に重要なポイントになる「のれん」が加味されない

時価純資産法：再調達原価法
- 再調達原価は企業に帰属する個別の資産・負債を、現時点で取得し直すとした場合に必要となる金額から評価を行うもの

時価純資産法：清算価値法
- 企業が所有するすべての資産を処分し、その企業を清算（解散）した場合に株主が得られる金額として評価をする方法
- 通常、この清算価値は、株式価値の下限となる

※買い手がどうしても買収したくて多額のプレミアムを支払ったり、売り手が一刻も早く売却したいがゆえに法外に安値で売却するようなケース
※※EBITDA（イービットディーエー、イービッダー）とは、営業利益または「経常利益＋支払利息－受取利息」で算出されたものに、減価償却費を加算したもの

9 LOI（意向表明書）の差し入れ

● 買収・提携の意向を伝える重要書類LOI

ビジネスDDや価値算定を行うことで、ターゲット会社とは議論が深まりますし、出資額や比率、それに出資後の経営参画の方法で合意形成がなされていきます。このステージにきたら、合意された内容や今後ディールをどのように進めていくかを整理して書面を交わします。買い手側から「こうしたい」という意向の表明をする書類が**LOI**※です。そしてターゲット側がそれに合意すれば、M&Aは大きく前進します。

● LOIに記載すべき重要ポイント

LOIに記載されるのは主に左のページにある項目となります。価格に関しては一応の合意はできていますが、まだすべてのDDが終了していません。**「DDの結果次第で価格の変更がありうる」という記載は必須となります。**第4章のM&Aが失敗する理由として、DDの不足が挙げられていました。必要十分のDDを申し入れ、同意してもらう必要があります。**もう1つ重要なのは独占交渉権の確保です。**ターゲットは売却モードではありませんので、彼らがFAをつけて売却のマーケティングを行っているということはありません。ただし、他の日系企業もウィッシュリストにもとづいてアプローチをかけているかもしれません。またターゲット企業側も、あなたの会社からアプローチを受けたことをいいことに、もっとよい条件を他社から引き出そうとするかもしれません。これを防ぐためには、一定期間の独占交渉権を確保することが非常に大事になります。

価格での合意、十分なDDの確保、独占交渉権による競合の排除と、ウィッシュリストにもとづいたアプローチをすることで、第4章でM&Aの失敗として挙げたいくつかの重要な要因を排除することに成功しているのです。

※Letter of Intentの略

■　LOIに記載される事項

●価格と出資比率

ビジネスDDで入手した将来業績プロジェクションや競合環境分析から、ターゲットの企業価値算定を行う。オークションで配布されるインフォメーションメモランダムの限定的な情報で行う価値算定より、はるかに精度の高いアセスメントが可能となる

●出資後の経営への関与方針

相手の経営課題と自社が実現したい事柄に則した経営体制を提案する

●DDの範囲とスケジュール

必要かつ十分なDDを、余裕を持ったスケジュールで実施することを申し入れる

●独占交渉権

DD終了後、一定の交渉期間が過ぎるまでは、他社と同様の検討を行わない旨の独占交渉権を規定する。これにより、オークション時の競争環境を排除できる

■　ウィッシュリスト活用の効果

ウィッシュリスト活用で実現できるもの

M&A失敗の要因（第4章）

- 価格の合意
- 必要十分なDD（PMIの準備）
- 独占交渉権（競合の排除）

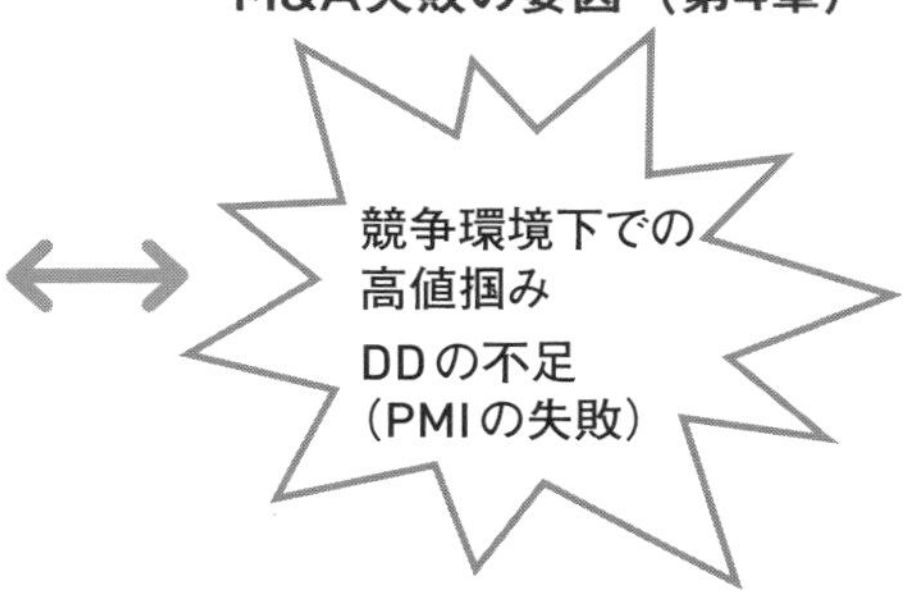

10 成功の定義とDD・PMIのプランニング

LOIが締結できたらこのM&Aにおける「成功の定義」を設定します。第4章11節で示したイメージを再掲しますが、**シンプルかつ具体的な数値目標でこのM&Aの成功を定義します**。ここでの数値目標を、PMIの主要5項目（経営・制度・営業・内部管理・意識/文化）とリンクさせるとより管理がしやすいでしょう。

● M&A成功のカギはDDとPMI

定義した成功を実現するためのカギは2つあります。DDをきっちり行って案件をクローズすることと、その後のPMIで失敗しないことです。

対象会社の現状と問題点を明らかにするのがDDの目的ですが、**判明する事項は左下の図のように売り手や売買条件に関係することと、経営・経営陣に関することに大別されます**。例えば、対象会社において従業員の法定退職金の積み立てが不足していたとしましょう。法律違反ですから不足分は追加積み立てをしなくてはならず、その分、企業価値が低下し、売買の金額も影響を受けます。一方、積み立てが不足するような事態がなぜ起こったかを、意思決定の仕組みとともに明らかにし、PMIにおいて再発しない仕組みを構築しなくてはなりません。

● プランニングは余裕を持って行う

DDの期間は、対象会社の規模や事業の複雑さにもよりますが、計2か月ほどです。会計士や弁護士の調査に約6週間、判明事項のとりまとめに2週間かかります。その後の工程では、売り主との売買契約書にかかわる交渉で約1か月、その後のクロージングにも約1か月を要するので、計4か月ほどがクロスボーダーM&Aの平均的な時間軸です。その意味で、**PMIのプランニングには2か月ほどの時間をあてることができます**。DDの判明事項を100日プランに組み込むためには必要十分な時間といえるでしょう。

■ M&Aの成功の定義（再掲）

イメージ

オーガニック成長	ディール時に対象会社が提示した事業計画に沿った売上成長を実現し、20XX年度に5,000億円の売上を達成する
シナジー	ディール時に見込んだシナジーに加えて、買収会社と対象会社での共同検討を通じて20XX年度に500億円の売上シナジー（営業利益ベース）を達成する
コスト効率化	買収会社グループの既存資産・インフラへ設備投資・製造プロセス効率化をすることでコスト効率化を目指し、20XX年度に250億円のコストシナジーを達成する
コンプライアンス・リスク管理	買収会社グループの各種基準や方針を遵守するために、対象会社にグループ基準を導入する
人材・風土	買収会社グループのミッション・ビジョンなどを対象会社とも十分に共有し、お互いが尊重し合う関係を構築する

■ M&Aの成功の定義からクロージングまでの流れ

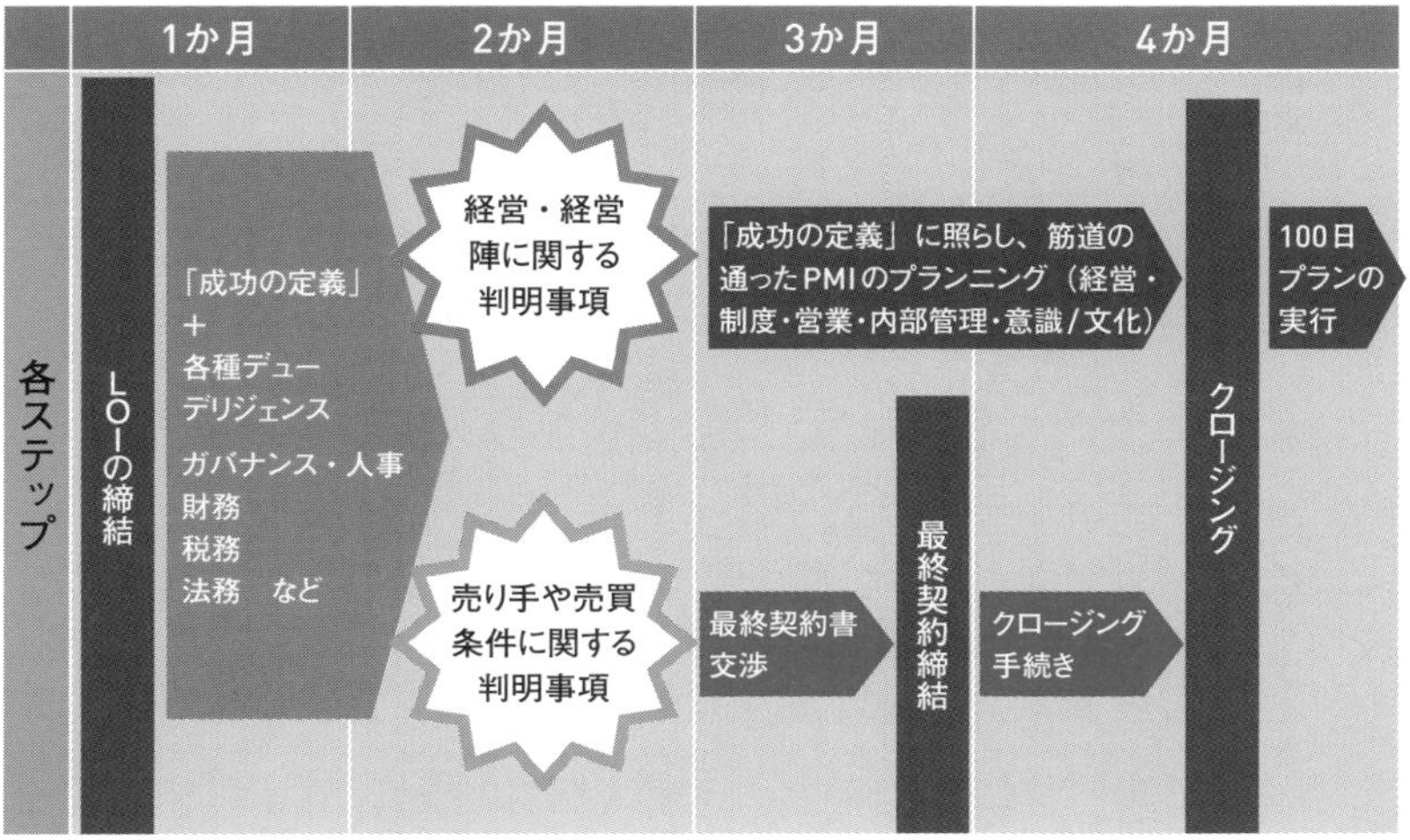

11 DDのポイント①：ガバナンス・人事

● ガバナンス・人事DDの目的

組織の運営者は人間であり、人間が他の人間に何らの影響力をおよぼすためには権力とインセンティブが必要です。**組織の構図を明らかにすることがガバナンス・人事DDの目的です。**具体的には、ターゲット会社がどのような組織体なのか、それがどのような意思決定の構造を持っているのか、そして営業、購買、財務、総務、人事と様々な業務セクションにおいてどのようなキーマンが存在するのか、そして彼らに対するインセンティブがどのように設計されているかを精査するのです。

会社の組織や分掌規程については、ターゲットを理解する基本事項として、かつては法務DDの中でカバーされていました。しかしPMIの重要性に対して日系企業の認知度が上がった現在では、ガバナンス・人事DDとして独立的に行われ、そこで判明した事項をPMI設計のベースとすることがスタンダードになってきたのです。

● ガバナンス・人事DDの調査項目

DDの不足がM&Aの失敗につながることは第4章3節で述べました。オークションのような競争環境の中でDDに割ける時間が少ない、というのは不十分なDDの典型例です。加えて4章1節の調査で明らかなように、買収するターゲットがどのような意思決定構造で事業を行っているのかを全く理解しないままに案件をクローズさせ、後にPMIに苦労している日系企業が非常に多いという実態があります。その意味で、**ガバナンス・人事DDがこれまでの日系企業のM&Aにおいてそもそも不足していたものといわざるを得ません。**左のページに列挙してある項目は、調査すべき代表的項目ですが、これらを把握することで、PMIプランニングを盤石にするのです。

■ ガバナンス・人事DDの主な調査項目

会議体について

- ●会議体の整備状況・運営状況の調査
- ●各重要事項について、どのような会議体と参加メンバーで決裁する体制になっているかの把握
- ●非公式の会議体の有無、そこでの議論・情報共有の有無を把握

意思決定プロセス

- ●権限マトリックスを入手し、現在の親会社との権限切り分けがどのようになされているかを理解
- ●株主総会議事録、取締役会議事録を閲覧し、意思決定のスタイルを把握
- ●取締役会や経営会議などにおいて、特定権力者が参加者（各取締役、監査役）に多大な影響をおよぼしていないか

組織体制（機能・部署）

- ●組織図を入手し、組織構造が重層構造かフラットな構造か、組織構造の特徴・ポリシー（事業別か機能別か地域別、など）を把握
- ●重要な役職者の登用の要件などを理解

業務管理

- ●財務・非財務KPIのモニタリング、アクションプランの策定・実行プロセス、またそれらの人事評価との関連性について理解
- ●予算の策定方法・プロセス（トップダウン or ボトムアップなど）について把握
- ●配当性向の決定メカニズム・プロセスについて把握

人事評価・インセンティブ

- ●役員報酬に関する決定プロセス・基準について規定で定められている内容を理解
- ●関連規定およびインタビューにより、役員などのインセンティブプランの内容を把握
- ●役員報酬に関するKPIの設定状況を理解

12 ＤＤのポイント②：：財務

● 財務ＤＤの目的

財務ＤＤは、対象会社の事業運営状況、資産負債構造、資金繰りなどの財務状態について詳細に精査して把握することです。

従来の財務ＤＤにおいては、価格に下方修正が必要な瑕疵《かし》がないかを確認することにフォーカスがおかれていましたが、第3章8節でも述べたように、財務ＤＤはＰＭＩの設計に重要な示唆を与える作業でなくてはなりません。また第5章7節で説明したビジネスＤＤは、足元の業績管理資料や将来の事業計画についての精査が行われますので、財務ＤＤによって過去の業績精査を行い、ビジネスＤＤ実行時に立てた仮説を裏づける作業も必要です。

● 財務ＤＤを任せる会社の選び方

財務ＤＤがそのように機能するためには、対象会社の財務状況の理解とともに、それが同業他社との比較でどのような競争優位（もしくは劣後）の状況にあるのかの評価も行うことです。

例えばあなたが買収を考えているのがインドネシアの建設会社だとしましょう。それであれば、インドネシアの建設業界に対する広範な知見と、対象会社と類似企業における財務ＤＤもしくは会計監査を行ったことがある会社のみが、このようなアドバイス提供を行うことができるでしょう。

財務ＤＤは会計会社に依頼するものですが、**ＤＤの基本スキルはいうまでもなく、ターゲットの業界への知見の深さも非常に重要**です。新興国においては、大手の会計会社でもすべての業界のスペシャリストを揃えているわけではありませんので、ＤＤの見積もりをとる際には、会社としての実績だけではなく、担当者の経歴も含めて対象業界にどのくらい精通しているかを判断することが重要です。

■ 財務DDの主要調査項目

収益力分析

売上高分析

事業別、部門別、製品別、地域別、顧客別など多様な切り口で売り上げ構造を分析

売上原価分析

固定費・変動費分析、本社経費の分配分析、人件費分析、営業費用・営業外費用の同業他社比分析、特別損益の発生要因など

スタンドアローンイシューの把握

資産・負債の分析

不良債権・滞留債権の分析・評価
不良在庫・滞留在庫の分析・評価
工程資産の償却状況
不動産の時価評価
投資額とのれんの評価
引当金の計上の有無とその妥当性
簿外債務・偶発債務の調査

キャッシュフロー分析

運転資本分析
資本支出分析
金融収支分析

13

DDのポイント③：税務とストラクチャリング

●買い手が確認すべき税務リスク

税務DDとは、対象会社に未納・滞納の税金がないか、税務署と係争を持っていないか、過去の税務処理の内容に誤りがあり、その過ちが後に露見して追徴課税の対象にならないかなどを精査するものです。明らかな未納金があれば価格調整の対象になりますし、税務当局の誤解を受けるような税務処理をしているのであれば、PMIにて修正を図ります。

●買い手の税務上重要なストラクチャリング

あなたの会社におけるどの事業体が買収を行うかを検討するのが**ストラクチャリング**で、クロスボーダーM&Aにおける買収者側の国際税務にかかわる重要な検討事項になります。

前節の例にならってインドネシア企業を買収するとしましょう。仮にあなたの会社がすでにシンガポールとインドネシアに法人を持っていた場合、どの法人で買収したら最適な税効果を得られるか、すなわち、税の支払いを最小化できるかを見いだす作業がストラクチャリングになります。仮に日本にしか法人を持たない場合でも、シンガポールや香港のような租税回避地※に法人を設立して買収を行うという方法も考えられます。

このような税の最適化は、買収ターゲットの所在国、買収者の海外展開の度合い、進出済みの海外各国と日本の間の租税条約、本社と現法の資本関係、本社と海外現法の間での商流、将来的な資本金の回収方法などと密接に結びついています。このようなアドバイスができるのは、グローバルに展開している税理士法人です。財務DDとセットで適切な会社を選ぶ必要があります。特に新興国の税法は頻繁に変更されますので、買収対象国に拠点を構えている税理士法人をを選定することは必須となります。

※一定の課税が著しく軽減、ないしは完全に免除される国や地域のこと。タックス・ヘイヴン（tax haven）とも呼ばれる

■ 税効果を考えたストラクチャリングが必要

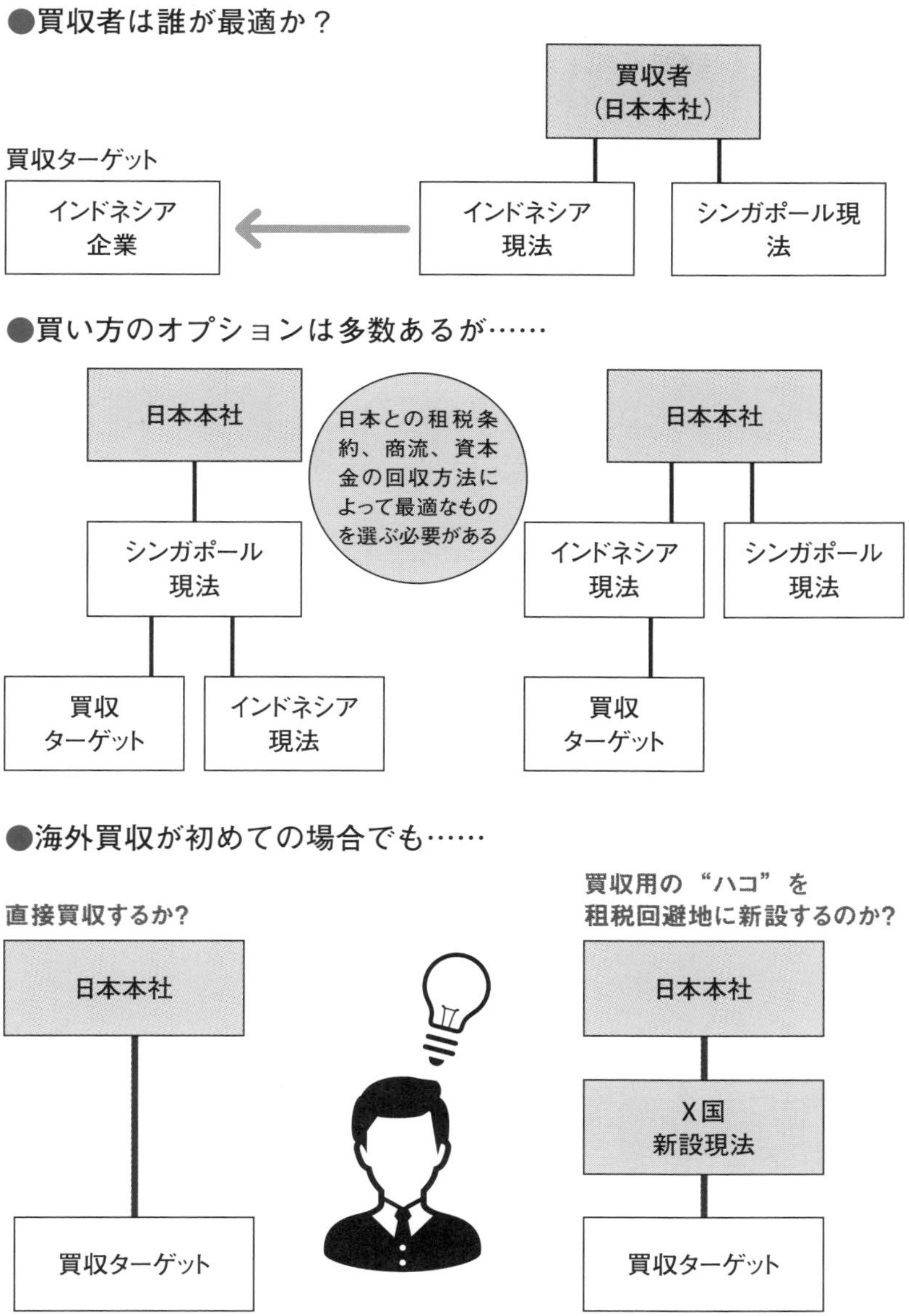

14

DDのポイント④：法務

●法務DDの目的

法務DDは、対象会社や対象事業における様々な法務上の問題点の有無を精査するものです。対象会社が適正に設立されているか、売却する株主は真正な株主か、などのそもそも論から始まり、対当局、顧客、取引先、金融機関、取締役会、従業員、関係会社などにおけるすべての法務関係を調査する手続きです。

財務・税務DDと同様、**ここで判明した事項を価格調整の材料になるものと、PMIの設計に示唆を与えるものに大別しながら作業を進めます**。例えば、ターゲット会社が、親密取引先の金融債務に対して保証人になっていることが判明したとしましょう。保証が実行されれば、支払い義務が発生しますので、当然、価格調整の対象になります。一方で、いくら親密取引先とはいえ、どのような経緯・意思決定で保証を引き受けることになったのかを明らかにし、それが不適切なものであるならば、今後の再発を防ぐメカニズムをPMIで構築しなくてはなりません。

●法務DDと並行して契約書も作成

またDDの後には、売買契約書や株主間協定などの契約書を締結します。DDの判明事項をもとに、買い手をいかに契約書上で保護するかも並行的に検討していきます。

法務DDと売買契約書などの作成には法律事務所を任命して作業にあたってもらいます。クロスボーダーM&Aの場合、対象国の法律の知識が必要となりますので、現地の法律事務所を任命する必要があります。最近では、日系の大手法律事務所が積極的に海外展開しており、日本人弁護士によるサービスも受けられるようになってきています。**FAは法務上のアドバイスはできません**ので、法律事務所の国際化は、クロスボーダーM&Aの追い風になります。

■ 法務DDの主な調査項目

買収者	ターゲット
設立・会社組織	• ターゲット会社が適法かつ有効に設立されており、現在も有効に存在しているか、会社機関およびその運営が、会社法および定款の社内規則に従っているかなどの正当性・遵法性を調査する
株式・株主	• 現在の株主が適切な手続きのもとで存在しているか、非公開会社の譲渡制限が守られているかなど、株主の地位の正当性、株式発行の遵法性などを調査する
資産・負債	• 所有権や担保権に関する契約の確認や保証債務、訴訟の有無などを調査する
第三者との契約	• 契約書の存在の有無や、契約締結の適法性・適切性、不適切な保証の有無などを調査する • ・また金融機関の借り入れにおいては、M&Aの実行で融資条件の変更を求められる特約（コベナンツ）が存在しないかなどを調査する
労務・人事	• 労働条件、セクハラ・パワハラの問題、希望退職・解雇に関する問題の有無などを確認する • ・また、役員の選任、報酬、委嘱事項などについて明示的かつ適切なプロセスで決定されているかなども確認する
許認可	• 業務遂行に必要な認可を受けているか、その有効性などを調査する
係争の有無	• 第三者との係争の有無を調査する

15 売買契約書締結のポイント

● M&Aに必要な契約書

DDが終了したら、株式の売買やジョイントベンチャー（JV）の設立に向けて、合意事項を法的拘束力のある契約に落とし込みます。契約書は1つだけではなく、取引形態に応じて株式譲渡契約書、株式引受契約書、株主間協定書、合弁事業契約書など複数の契約書で構成されています※。

M&Aにおける最も中心的な契約書は、**株式譲渡契約書**で、対象企業の株式を買収者に譲渡し、買収者がその対価として譲渡対価を支払うことを中心に記載した内容になっています。付随して、取引実行のための前提条件、相手方に対する表明・保証、誓約事項など、数多くの事項が細かく規定されています。とりわけ取引実行のための前提条件、表明・保証、誓約事項は重要な要素です。前提条件が満たされない場合、相手方からの契約の解除が可能になり、損害が発生していれば、損害賠償を請求されることもあります。表明・保証や誓約事項については、クロージング後でも違反する可能性が残るため、さかのぼって適用する際の時間的制約をどう設計するかは重要な論点です。

● クロスボーダーM&Aで重要な書類

これに加えて、クロスボーダーM&Aにおいては、競業避止についても留意しましょう。売却後、一定期間は同業種の事業を興さないように制限を設けることです。また、日本人は会社に対して忠誠を尽くしますが、海外においては人に対する忠誠心が高いものです。信頼する旧オーナーが会社を去って新たな事業を興す際、そこに参画したいと考える従業員も存在するでしょう。去り行く者には、従業員を一定期間勧誘しない旨の誓約をさせ、残る人材にも、一定期間の社内への残存と社業への貢献を誓約させることが必要です。

※M&Aでは最終合意に至った際の契約書をディフィニティブ・アグリーメント（Definitive Agreement）という。訳すと「最終契約書」となり、本文にあるように、複数の契約書で構成されている

■ 競業避止と人材の維持は海外では必須

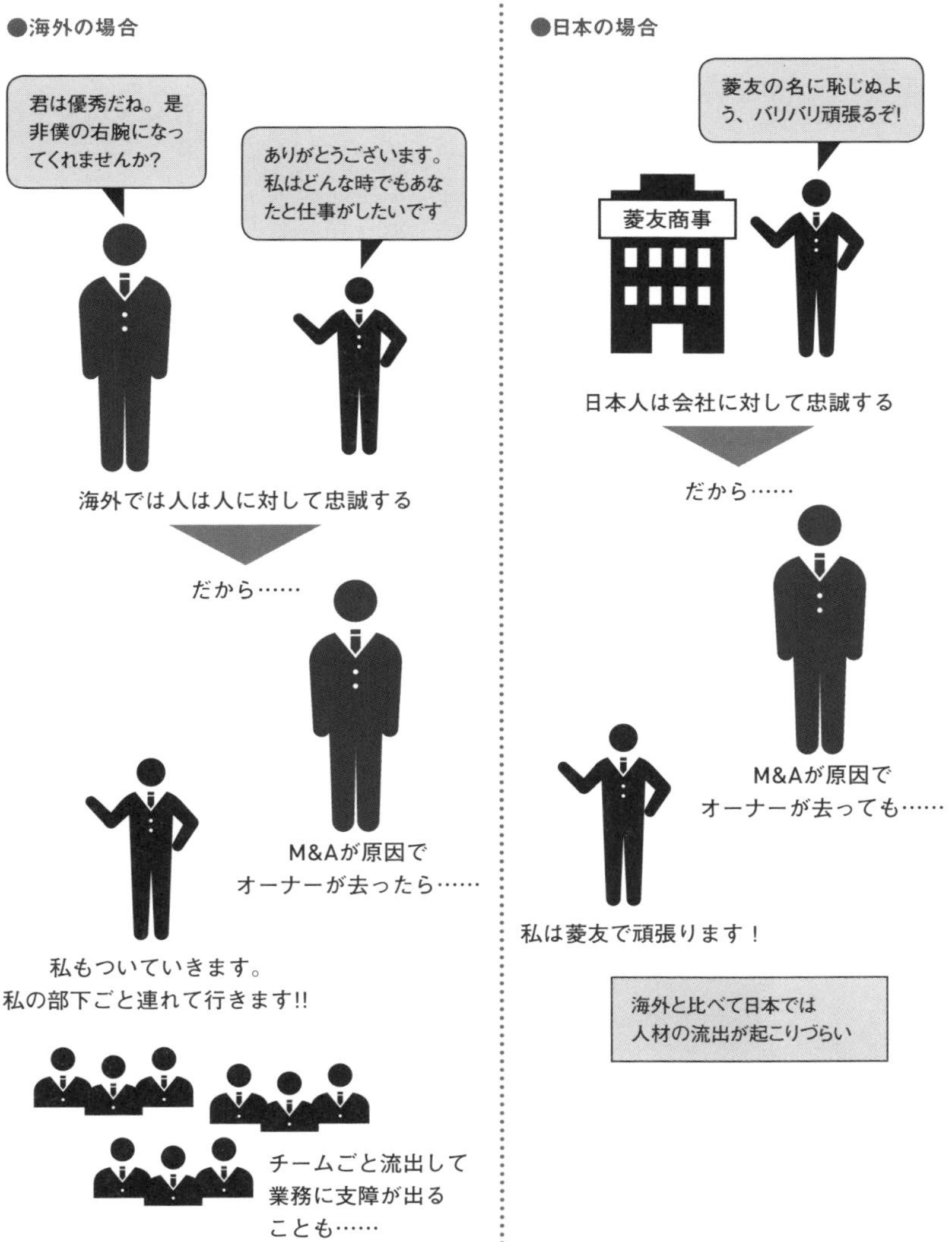

●海外の場合
君は優秀だね。是非僕の右腕になってくれませんか?
ありがとうございます。私はどんな時でもあなたと仕事がしたいです
海外では人は人に対して忠誠する
だから……
M&Aが原因でオーナーが去ったら……
私もついていきます。私の部下ごと連れて行きます!!
チームごと流出して業務に支障が出ることも……
●日本の場合
菱友の名に恥じぬよう、バリバリ頑張るぞ!
菱友商事
日本人は会社に対して忠誠する
だから……
M&Aが原因でオーナーが去っても……
私は菱友で頑張ります！
海外と比べて日本では人材の流出が起こりづらい

オーナーに対する競業避止のみならず、社内のキーマンが残るように計らい、
人材の社外流出（組織崩壊）が発生しない仕組みづくりは必須

16 株主間協定締結のポイント

● 株主間協定の内容と目的

株主間協定とは、株主間で事前に取り決められる合意書です。対象会社の今後の経営方針、取締役や監査役の選任や解任、株式の売却などについて定められており、左の図がスタンダードな内容となります。

会社運営上の大きな決定で株主の判断を仰がねばならないものがいくつかありますが、株主総会の開催は多くの手間や時間がかかるものです。そこで一定の内容を株主間で事前に合意しておき、**会社経営を円滑に進行させようというのが株主間協定書締結の目的です**。JVの場合には、双方の意見が対立する状態（デッドロック）の解消方法や、合弁の解散事由についても取り決めます。たとえるなら、結婚する際に離婚が成立する要件と離婚の方法についても取り決めてしまうという方法です。

● 従来の株主協定で起きた問題

第4章5節で、KPMGが行った調査からPMI設計の不備について説明しました。それをさらに細かく見ると、左の表に示すように、**従来の株主間協定では必ずしも規定されていないことが原因でPMIの阻害要因になっている**ことが判明したのです。

株主間協定の作成を主導してくれるのは弁護士ですが、彼らは法律の専門家であって、会社経営の実務やPMIにおける問題点に関しては知見を持ち合わせてはいません。弁護士の感覚では契約書に盛り込むまでもないと考える事柄が、後にPMIで問題となることがあるのです。

そこで、弁護士とPMIに熟知したFAが協力して株主間協定の作成にあたることで、買収者の利益が確保できるのです。

■ 株主間協定の主要項目

A. 出資比率に関する条項

B. 経営体制に関する条項

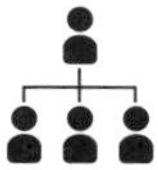

C. 役員選任と解任に関する条項

D. 経営上の重要事項に関する条項

E. 資金調達に関する条項

F. 配当に関する条項

G. 協定の解除・終了に関する条項

H. デッドロックに関する条項

■ 株主間協定で防ぎたいPMIでモメやすい項目例

項目	PMIでモメやすい内容	解決方法
業績管理制度	経営目標（KPI）の管理体制について株主間の合意がないため、売上・収益の低下などの問題が発生した際、組織的・機動的に解決する方法を持たない	年度予算や経営方針を定める経営の重要事項（上記B）の中で合意・規定する
IT/サイバーセキュリティ	サイバーセキュリティに関する知識が低く、ハッキングリスクにさらされているが、改善に向けたアクションがなかなかとられない	年度予算や経営方針を定める経営の重要事項（上記B）の中で合意・規定する
人事評価制度	人事評価制度にモチベーション向上のプログラムなどが欠けている場合、株主レベルでこれに対処する動機付けの施策が機動的に打てず、低い労働生産性を放置してしまうことになる	役員の選任と解任の条項（上記C）内で、従業員の人事制度についても合意・規定する
資金管理制度	資金管理体制をモニターする株主間の合意がない場合、対象会社の管理能力が脆弱な場合には不正を見逃すことにもつながる	資金調達（上記E）において日々の管理方法ついても合意・規定する

ポイント

PMIに精通したアドバイザーの協力で、従来、株主間協定でカバーしなかった細目についても規定することが肝要

17 買収先への経営人材の派遣

第4章6節で日本人には経営の能力が備わっていないことを言及しました。ここではその対処法を述べたいと思います。対処法といっても、経営のスキルは一朝一夕では身につきません。様々な経験を踏み、個人の人間性や魅力とも相まってその人なりの経営観とスキルが醸成されるものです。しかし買収した会社のCEOやCFOを派遣せねばならない場合、どのような人選をすべきでしょうか?

●経営人材の誤った選び方

日系企業においてよくあるのが、M&Aの企画や執行は経営企画部門が取り仕切り、クロージング後、その職務にふさわしい人材を年齢や今後のキャリアパスをベースに、M&Aに関わっていなかった部門から人選するというものです。

しかし「買収先の経営を経験してさらに箔《はく》をつけてもらおう」といった発想で海外に派遣しても、PMIでなかなか成功しないのです。

●経営人材の望ましい選び方

経営経験を持たない、つまりサラリーマンを派遣せざるを得ない場合、この問題を解決する唯一の方法は、**M&Aの企画段階からクロージングまで関わっていた人材を経営陣の1人として派遣する**ことです。その人は、中期経営計画にフィットするターゲットはあるかという視点でウィッシュリストを作成し、意中の先に打診する際にウィンウィンの設計に汗を流し、企業価値評価を行うことでリターンに対する感度を持ち、DDの結果から価格交渉とPMIの設計を行った人材です。

社内の事情で「偉くなるべき人」を要職につけることは構いませんが、買収先におけるPMIの実践というまさに経営スキルを要する職には、このような人材をあてることが最もふさわしいのです。

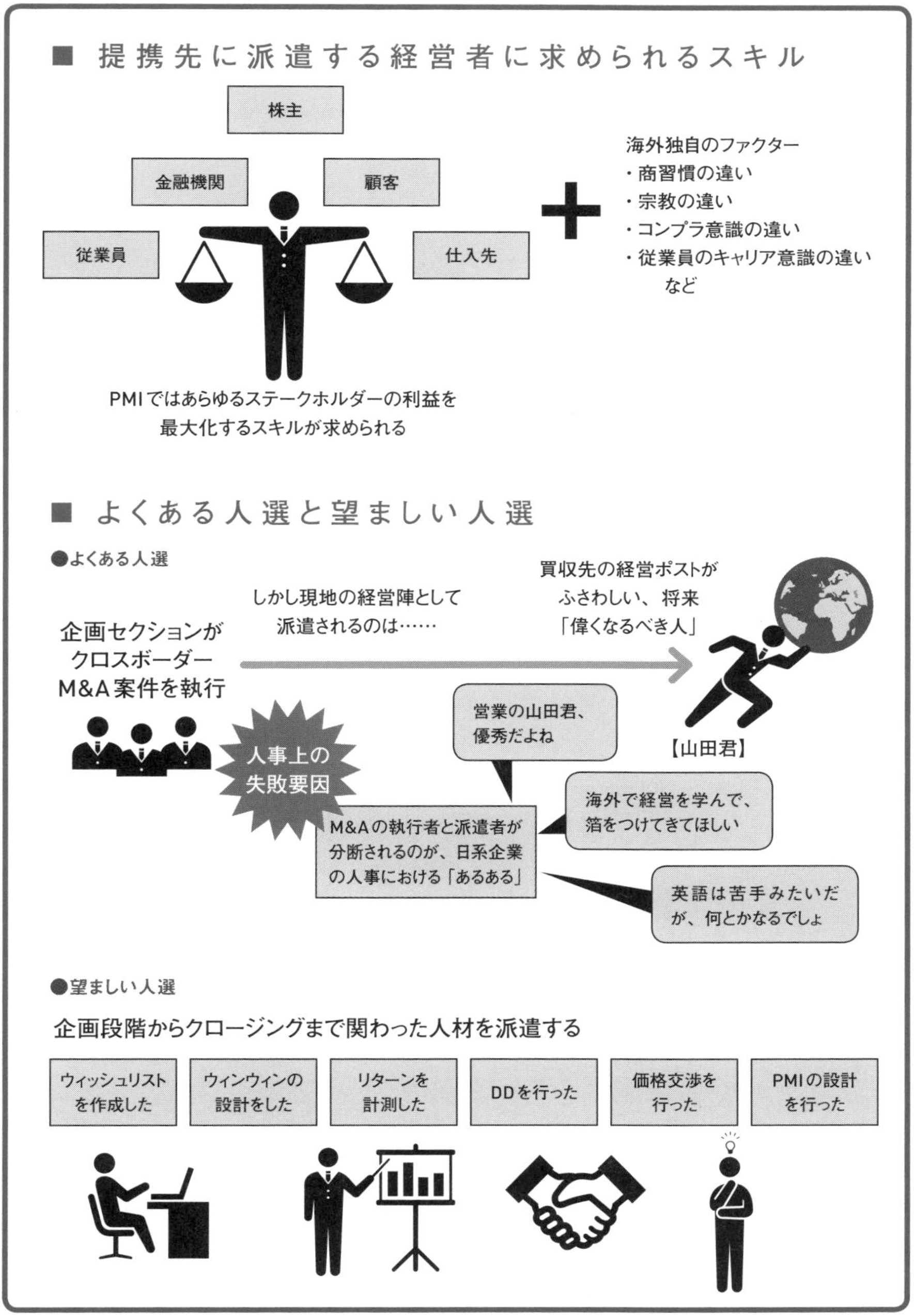
■ 提携先に派遣する経営者に求められるスキル
株主
金融機関
顧客
従業員
仕入先
海外独自のファクター
・商習慣の違い
・宗教の違い
・コンプラ意識の違い
・従業員のキャリア意識の違い
など
PMIではあらゆるステークホルダーの利益を
最大化するスキルが求められる
■ よくある人選と望ましい人選
●よくある人選
企画セクションが
クロスボーダー
M&A案件を執行
しかし現地の経営陣として
派遣されるのは……
買収先の経営ポストが
ふさわしい、将来
「偉くなるべき人」
【山田君】
人事上の
失敗要因
営業の山田君、
優秀だよね
海外で経営を学んで、
箔をつけてきてほしい
英語は苦手みたいだ
が、何とかなるでしょ
M&Aの執行者と派遣者が
分断されるのが、日系企業
の人事における「あるある」
●望ましい人選
企画段階からクロージングまで関わった人材を派遣する
ウィッシュリスト
を作成した
ウィンウィンの
設計をした
リターンを
計測した
DDを行った
価格交渉を
行った
PMIの設計
を行った

Summary

本章では、「M&A勝利の方程式」と称して、クロスボーダー案件で失敗しないためにはどうしたらよいかを一貫して述べてきました。それはウィッシュリストを活用した攻めのターゲット選定であり、売却モードではない相手に対してウィンウィンの状況を提案することであり、PMIを念頭においたDD実行ならびに契約書締結、さらにはPMIを実践できる人材の派遣でした。

従来のFAは取引中（インディール）の部分、とりわけ企業価値算定と交渉サポートにフォーカスがおかれていました。DDや契約書作成は会計士や弁護士が担当しますので、実はディールの中でも限られたところしか担当していなかったのです。

ところが「勝利の方程式」では、出物案件にこだわらない検討を行うという基本姿勢により、戦略立案（プレディール）の重要性が非常に高くなっています。プレディールでは、あなたの会社の中期経営計画にフィットするターゲットはあるかという視点で市場調査を行います。またPMI（ポストディール）は「勝利の方程式」における最重要のパートであり、この助言ができるアドバイザーの重要性は高いといえるでしょう。「出物ありき」でブローカー的にアプローチするアドバイザリー会社はもはや不要であり、プレ、イン、ポストの3つのフェーズの全体を見て助言できるアドバイザリー会社が、M&Aを勝利に導いてくれるのです。

さて次の第6章では、近年のM&Aにおいて大きな存在感を占めるファンドについて学びたいと思います。彼らのリターン確保は企業価値向上施策と裏腹であり、あなたの会社の企業価値向上施策において学ぶところがあるはずです。

第 6 章

ファンドという存在

1 投資信託ファンドとヘッジファンド

ファンドとは何か？

ファンド（Fund）を英英辞書※で引くと、an amount of money saved, collected, or provided for a particular purposeという説明がされています。訳すと「何かの目的のために、蓄えられ、集められ、もしくは提供された資金」となります。本書の内容に照らせば、「何かの目的」とは「投資」であり、**ファンド**とは投資目的で集められた資金、またそれを運用するプロの投資家・投資顧問を意味します。

● 投資信託ファンド

私たちに最も身近なものは投資信託ファンドでしょう。**投資信託ファンド**とは投資家から集めたお金を1つの大きな資金としてまとめ、運用の専門家が株式や債券などに投資し、その運用成果を投資家それぞれの投資額に応じて分配する金融商品です。証券会社のホームページを見ると、「日本株戦略ファンド」「新興国グロースファンド」など投資対象が異なる様々なファンドが販売されています。

● 高いリターンを狙うヘッジファンド

ヘッジファンドも投資信託の一種です。デリバティブを駆使して、相場が下落した際も利益を追求することを目的としています。この場合のファンドという名称は、そのような投資を行っている投資会社という意味で、日本でも約70社のヘッジファンドが営業をしています。

デリバティブは、価格変動のヘッジ※※機能を持っていますが、相場が大きく動くと想定外の損失を被ることがあります。アメリカのヘッジファンド、LTCMは高名な金融工学博士を招聘《しょうへい》し（左下の図）、デリバティブの多用で一時40％を超えるリターンを上げるなど、世界的に注目される存在でした。しかし1997年のアジア通貨危機を契機に約5000億円の巨額損失を計上し、経営破綻に追い込まれたのです。

※出所：Cambridge Dictionary
※※ヘッジ（Hedge）はリスク回避するという意味

■ 投資信託ファンドとヘッジファンドのイメージ

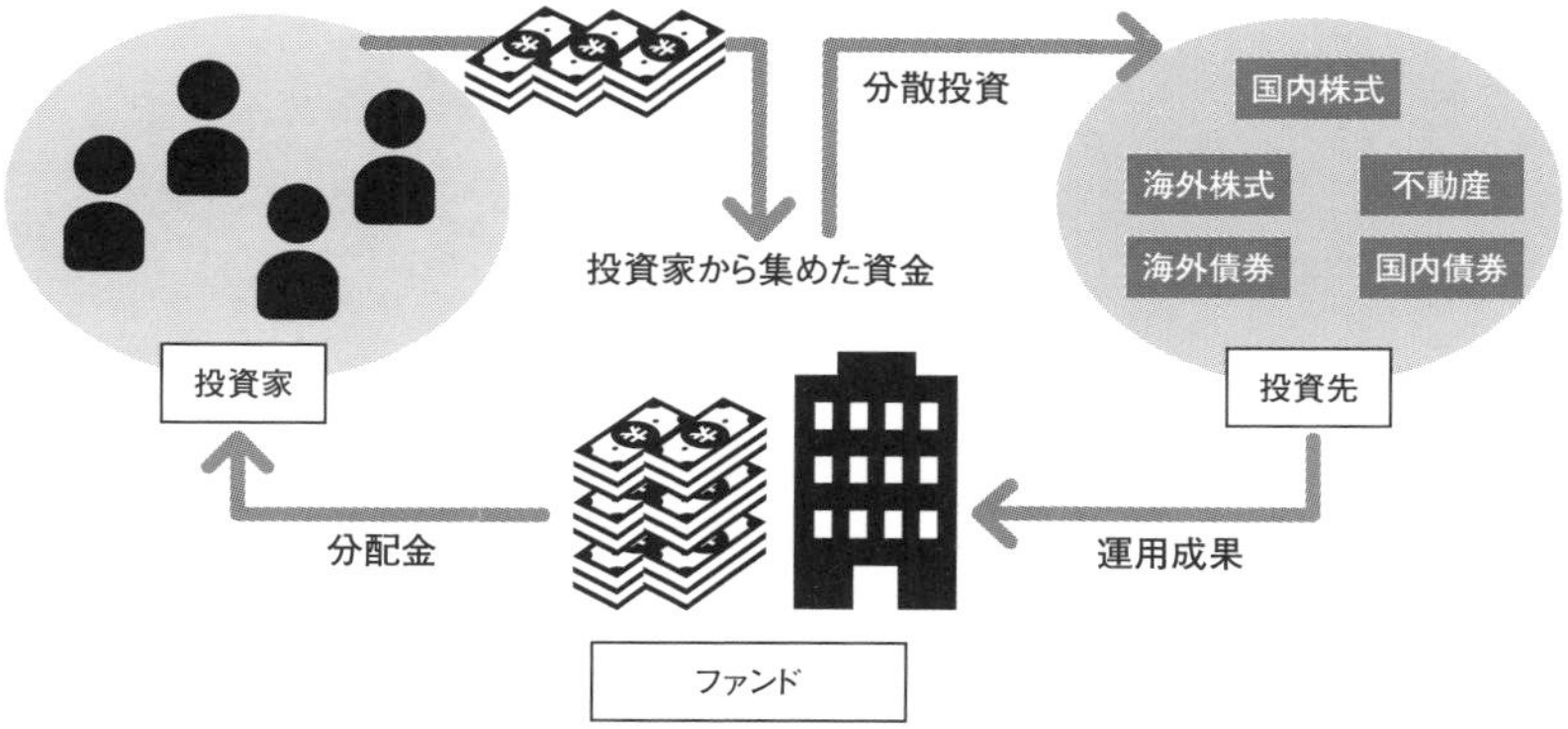

■ ロケットサイエンティストを揃えたLTCM

LTCM（Long Term Capital Management）では、マイロン・ショールズ、ロバート・マートンというノーベル賞を受賞した金融工学博士が取締役を務めていた。ノーベル賞受賞の功績は、オプションの評価モデルであるブラック・ショールズモデル（下記）の構築。金融工学の権威といえる2人であったが、アジア通貨危機、その後のロシア危機による想定外の相場の動きがデリバティブの損失を助長するという皮肉な結果に見舞われた

有名なブラック・ショールズモデル

$$C = SN(d_1) - Ke^{-rT}N(d_2)$$
$$P = Ke^{-rT}N(-d_2) - SN(-d_1)$$

$$d_1 = \frac{log(S/K) + (r + \frac{1}{2}\sigma^2)T}{\sigma\sqrt{T}}$$
$$d_2 = \frac{log(S/K) + (r - \frac{1}{2}\sigma^2)T}{\sigma\sqrt{T}}$$

オプション・スワップなどを組み込んだ金融商品は、投資の幅を広げることに大きく貢献した。それらの価値評価には、高度な数学・統計学が用いられており、これらを編み出した金融工学者達は、『月にロケットを飛ばすことができるほどの天才』、という意味でロケット・サイエンティストと称される

2 物言う株主・濫用的買収者

ヘッジファンドの中には、会社の株式を保有した上で、積極的な株主提案を行いつつ経営に関与し、企業価値の向上を図ることでリターンの追求をする者も存在します。株主提案をすることから**アクティビスト（物言う株主）**と呼ばれ、ファンドは**アクティビストファンド**と称されます。友好的なコミュニケーションで長期の成長を目指す会社もあれば、短期でのリターン実現のために敵対的なアプローチを行う会社もあり、スタイルは様々です。第1章4節で紹介した村上ファンドは、アクティビストファンドの典型です。

● 濫用的買収者とは？

株主の権利を正常な範囲から逸脱して行使することによって自身の短中期的な利益の獲得を目指すファンドは、**濫用的買収者**と称されます。スティールパートナーズがブルドックソースの株式を取得した際、東京高裁はスティールを濫用的買収者に認定しました。このような敵対的買収者に対抗する手段として、買収防衛策を導入する企業もあります。防衛策は次節に記載しているように様々な種類が存在します。

● 濫用的買収者と物言う株主の近年の動向

近年では、濫用的買収者として企業に近づくファンドは減っていますが、物言う株主として積極的に企業に株主提案をするファンドは引き続き存在します。

2015年に**コーポレートガバナンス・コード**（企業統治指針）が制定され、株主の権利確保、株主との対話などの指針が示されました。これにより、企業側もアクティビストらの活動を肯定化せざるを得なくなったため、物言う株主の活発化につながったと思われます。さらに、株主総会での提案を承認すべきかどうか株主に助言する会社もでてきています。このような環境の中で、企業経営者は高い緊張感と使命感で企業価値を高めていくことが求められているのです。

■ 物言う株主の主な提案内容

・配当が低い

・余剰キャッシュは大量にあるが、新規投資を行っていない

・不稼働の不動産が多い

・注力分野が間違っている

アパレル

&

半導体製造

・経営陣の報酬が高すぎる　など

■ コーポレートガバナンス・コードの概要と構成

概要	・企業統治を実行するための指針で、2015年6月に上場企業に適用された ・会社が株主、顧客、従業員、地域社会の立場を踏まえ、透明、公正、迅速かつ果断な意思決定を行うための基本原則
構成	(1) 株主の権利・平等性の確保 (2) 株主以外のステークホルダーとの適切な協働 (3) 適切な情報開示と透明性の確保 (4) 取締役会などの責務 (5) 株主との対話

■ 議決権行使助言会社とは？

世界中で投資を行う海外の機関投資家は、個々の会社が株主総会で行う議案に対して、1つひとつ分析して賛否の意思表明を行うのが困難。議決権行使助言会社は、こうした投資家に賛否のどちらがよいかの助言を行う

日本株の3割は外国人が保有しており、助言会社の判断はその過半に影響を与えるともいわれている。近時、日本の機関投資家でも利用する例が増えている

企業例：
インスティテューショナル・シェアホルダー・サービシーズ（ISS）、グラスルイス。いずれもアメリカの会社

3 買収防衛策とは？

● 多種多様な買収防衛策

買収防衛策は、敵対的アプローチを受けた後の対応のことで、いわゆる有事対応と、敵対的アプローチを受けないような予防策を講じる平時対応に分かれます。非常に多種多様なので、表では代表的な事例を紹介しています。どれもネーミングが特徴的ですが、解説を読むと名前の由来を理解できるでしょう。

買収防衛策の前提は、「敵対的アプローチをする者はすべて濫用的買収者であり、自身の利益確保を最優先に株主権を行使することによって企業価値が棄損される」ということです。そしてそのような買収者を排除・予防するための方策として、防衛策導入を株主に対して正当化しています。しかし**実際発動されれば、既存株主に影響をおよぼすことが多い**ため、買収アプローチを仕掛けてきた先が本当に濫用的買収者であるかどうかの判定は慎重に行わなくてはなりません。既存株主からは、買収防衛策は経営者の保身のためのものだ、という批判が常にあるのが実情です。

● 買収防衛を巡る近年の動向

2014年、金融庁が機関投資家の行動規範となる**スチュワードシップ・コード**を定めました。企業経営に影響力を持つ機関投資家が、企業の収益向上施策やコーポレートガバナンスの機能状況を把握するお目付け役になることが規定されています。つまり、あからさまな経営者の保身を目的とした買収防衛策に反対できる制度ができているのです。

前節で書いたように、アクティビストを含むすべての投資家と企業との対話への機運は高まっています。**建設的な対話がなされ、企業価値が向上するという好循環が生まれれば、濫用的買収者の数もおのずと減少する**でしょう。実際、パナソニック、日清食品など少なからぬ数の企業が買収防衛策を廃止しています。

■ 買収防衛策の例

敵対的買収を受けた後の防衛策

クラウンジュエル

- 敵対的買収の危機に置かれている場合、対象企業が保有している価値のある事業や資産を売却することで自社の魅力を低下させ、買収者の意欲を削ぐという手法
- 王冠に埋め込んである宝石を取り除いて価値を下げるところからきているとされる
  ➡ライブドアがニッポン放送の株式を取得した際には、傘下の大手映像・音楽ソフトメーカーであるポニーキャニオンの売却が検討されたが、クラウンジュエルの売却と憶測を呼んだ

ホワイトナイト

- 敵対的買収の危機に置かれている場合、友好的な第三者の企業・経営者に買収をしてもらう手法
  ➡白馬に乗った騎士（ホワイトナイト）が助けに来てくれるイメージから来た呼称
  ➡スティールパートナーズが明星食品にTOBをかけた際、日清食品がホワイトナイトとして明星に救済TOBを行って子会社化した

パックマン・ディフェンス

- 敵対的買収が仕掛けられた場合、買収を仕掛けてきた会社の株式を逆に取得し、議決権を確保してディフェンスする方法
  ➡「パックマン」とは、1982年代に世界中で記録的なヒットを飛ばしたゲーム名。パックマンは敵に触れると負けてしまうが、パワークッキーを食べると逆に敵を食べることができるということにちなむ
  ➡多額の資金を要する手法であり、具体例はない

敵対的買収を受けた後の防衛策

ポイズン・ピル（毒薬条項）

- 企業が敵対的買収者に自社の株式の一定数を奪われてしまった場合に、既存株主が、市場価格(時価)よりも安い価格で新株を取得できる条項の事
- これにより買収者の持つ株式数の全体に占める割合が低くなって支配権が弱まるために、このような条項を有する企業への敵対的アプローチを抑止することを目的にしたもの
  ➡ただし、それでも敵対的買収が行われ、新株が発行されれば、株価の値下がりは避けられず、一般株主にマイナスの影響を与えことになる

ゴールデン・パラシュート、ティン・パラシュート

- 買収が成立した場合、買収者は既存の経営陣を解任したり、従業員を大幅にリストラすることが多いが、これを逆手に取り、経営陣や従業員の退職金を高額に設定しておくという防衛策
- 経営陣解任やリストラの際には、多額の退職金支払いによる現金流出が起こるため、企業価値の低下が見込まれることで買収意欲を削ぐことを目的とする
  ➡経営陣が高額の退職金で脱出する様をゴールデン（金）のパラシュート、従業員のそれをティン（ブリキ）のパラシュートに見立てたネーミング

非上場化・MBO

- 上場を廃止することで、敵対的アプローチから完全に逃れること
  ➡上場廃止となるため究極の買収防衛策となる

4 プライベートエクイティ（PE）ファンド

● 日本に60社以上あるPEファンド

PEファンドとは、企業を売却もしくは上場させることで高いリターンを得ることを目的とした投資ファンドです。事業会社や金融機関の未公開株を取得し、同時にその企業の経営に深く関与して企業価値を高めます。2000年頃から日本にも登場し、現在、日系、外資系、政府系と様々な背景を持つ60社以上のPEファンドが活動しています。

左の表は代表的なPEファンドとその投資先の例です。投資先に非常にメジャーな企業名が含まれていることに驚くかもしれません。

● PEファンドの役割

企業はその成長ステージや経済環境によって様々な経営課題に直面します。それは多くの資金が必要になる経営課題ですが、そのような企業にリスクマネーを提供することがPEファンドの役割です。企業の経営課題の中でも非公開化・MBO、成長資金の調達、事業再生、事業承継はPEファンドが好んで投資をするテーマです。いずれの場合も金融機関による融資ではなく**エクイティ**※を必要とします。融資と違い、エクイティには担保がありませんので、それだけリスクが高いことを意味します。PEファンドは、リスクの高い投資において企業価値を確実に高めなくてはいけません。企業経営に深く関与するために、株式の過半数を取得することが一般的です。

PEファンドが利益を得る方法は、IPO（非公開化した企業の場合は再上場）か、M&Aによる売却です。PEファンドの投資活動が一般的となり、投資企業数が増えるほど、売却利益を得るためのM&Aは増加します。高いリターン確保のためにオークションによる売却は必須となり、ここに買い手にとって難しいM&Aが増えるというジレンマがあるのです。

※返済の必要のない資本性の資金

■ 日本で活動する主要なPEファンドとその投資先の例

日系	アドバンテッジパートナーズ	ポッカ、ダイエー、クラシエ、レインズインターナショナル、東京スター銀行　など
	ユニゾン・キャピタル	あきんどスシロー、東鳩、クラシエ、コスモスイニシア、エノテカ、シダックス　など
	丸の内キャピタル	成城石井、ジョイフル本田、タカラトミー　など
	アント・キャピタル・パートナーズ	本間ゴルフ、ゴルフパートナー、アントステラ、麦の穂ホールディングス　など
	東京海上キャピタル	バーニーズジャパン、ワンビシアーカイブズ、ゼロ、武州製薬　など
	みずほキャピタルパートナーズ	バンテック、アルコニックス、アドバンストマテリアル、ぎょうせい　など
外資系	カーライル・グループ	オリオンビール、おやつカンパニー、コバレントマテリアル、クオリカプス、学生援護会　など
	ベインキャピタル・アジア・LLC	東芝メモリー、すかいらーく、大江戸温泉物語、雪国まいたけ、アサツーディ・ケイ　など
	CLSAキャピタルパートナーズジャパン	バロックジャパン、エバーライフ、機動建設、エコロホールディングス　など
	MBKパートナーズ	アコーディアゴルフ、ユニバーサルスタジオ、コメダ珈琲店、田崎真珠、弥生　など
政府系	産業革新機構	ルネサスエレクトロニクス、ジャパンディスプレイ、日本インター、国際原子力開発　など
	海外需要開拓支援機構（クールジャパン機構）	クールジャパンパーク大阪、寧波阪急商業有限公司、KADOKAWA Contents Academy、Tokyo Otaku Mode　など
	地域経済活性化支援機構	ヤマギワ、アーク、マリーナ電子、熊本バス、阿蘇熊牧場　など

出所：各社ホームページ、新聞・雑誌などから著者作成

5 PEファンドの投資事例①：マネジメント・バイアウト（MBO）

● 非公開化を選択する理由

株式の**非公開化**は買収防衛の究極のスタイルですが、敵対的アプローチから逃れるだけでなく、上場していることの様々な制約から解放されることを意味します。

上場のメリットとデメリットは左の図に整理した通りですが、とりわけ、「短期的なリターンを要求する株主から離れて長期的なビジョンでじっくり経営を行いたい」という問題意識は、ＭＢＯを決断する最大の理由になっています。

そしてＭＢＯはＰＥファンドにとっての代表的な投資機会であり、２０１８年以降だけでも左の図のような例があります。マネジメント（経営陣）によるバイアウト（買収）となりますのでＭＢＯと呼ばれますが、実際はＰＥファンドが資金のほとんどを拠出します。

● ＭＢＯの流れ

ＭＢＯの流れは、まず経営陣とＰＥファンドが共同出資して買収を行う会社であるＳＰＣを設立することから始まります。そしてこのＳＰＣが、対象会社の既存株主から株式を買い取るのです。また、対象会社に借り入れがある場合は、ＳＰＣがその返済を行わなくてはなりません。ＳＰＣの株主資本だけで株式買取りと借入の返済がまかないきれない場合には、ＳＰＣ自身が銀行から借り入れをすることもあります。銀行借入れでＳＰＣが大きなものを買収できるのをテコの原理に見立てて、ＬＢＯという言い方もします。

株式公開買付けはすべての既存株主に賛同してもらう必要がありますので、提示する価格は市場時価にプレミアムをつけるのが一般的です。

● ＭＢＯ実施後の企業価値の向上施策

非公開後、ＰＥファンドは様々な施策で企業価値の

■ 上場のメリットとデメリット

<上場のメリット>

- 資本市場から資金調達ができる
- 信用が高まることで、取引先との関係構築（金融機関を含む）が容易になる
- 社員のモチベーションが向上し、採用もしやすくなる
- 創業者利益が享受できる

<上場のデメリット>

- 友好的ではない株主が出現する可能性がある
- 株主から短期的なリターンを求められるため、長期的な経営ビジョンを立てにくい
- 上場企業に相応しい経営体制の維持にコストがかかる
- 常に情報開示が求められる

MBOの例

2018年

- 桑山
- 一六堂

2019年

- 廣済堂
- エヌデー・ソフトウェア
- マイスターエンジニアリング
- フジコー

2020年

- 総合メディカルホールディングス
- オーデリック
- オリオンビール

■ MBOの大まかな流れ

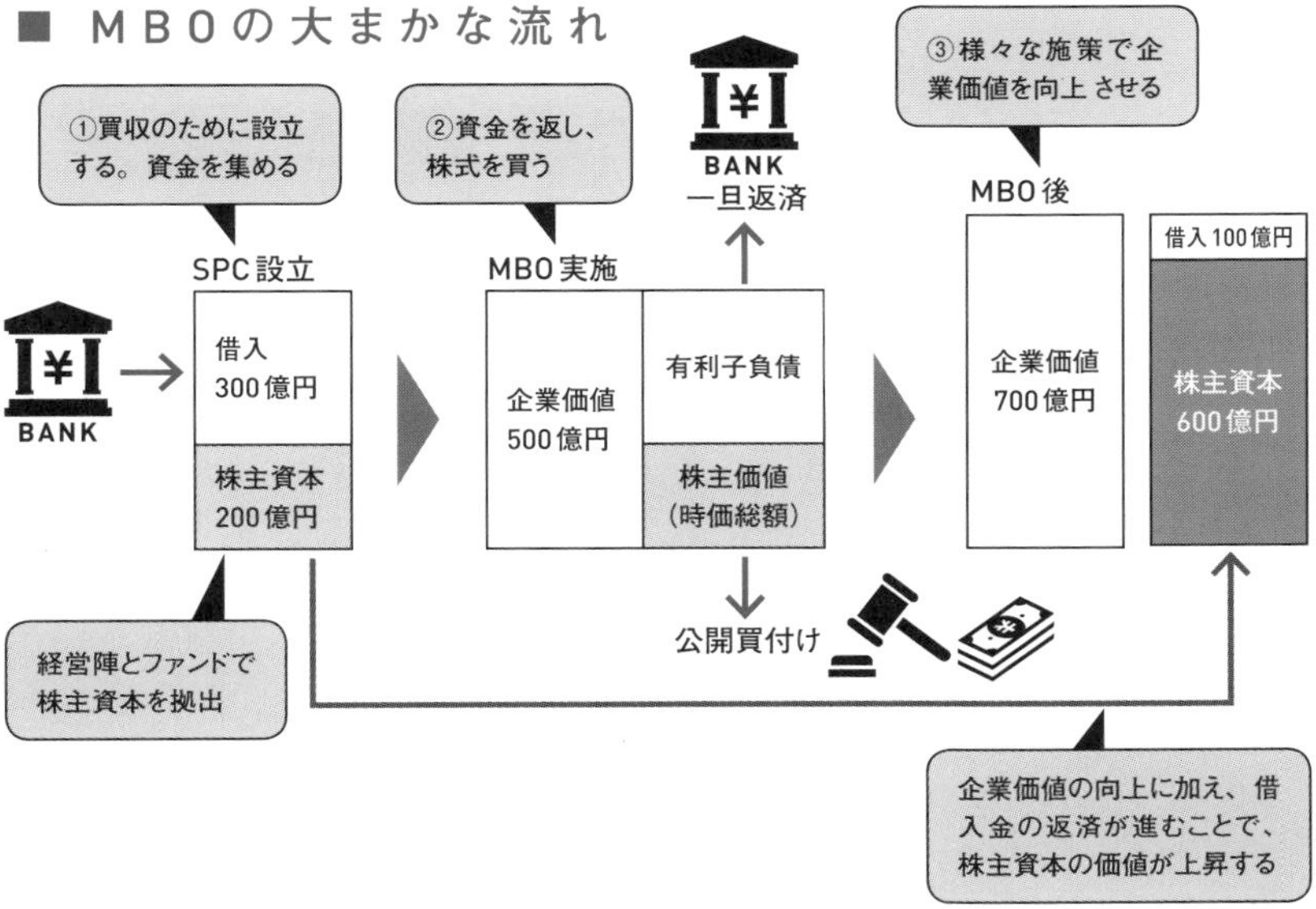

向上を図ります。企業価値は第5章8節で説明したように、フリーキャッシュフロー（FCF）から求められます。フリーキャッシュフローを増大させるためには、売上増大やコストの削減が必須となり、この手腕でリターンに大きな影響がでます。

企業価値向上は、通常3〜7年の時間を要するものです。この間にSPCの借入金の返済が進みますので、企業価値の向上と借入金の減少が同時に起こり、左の図のように株主資本の大幅な向上が見込まれます。このようになった状態で、**ファンドは売却もしくは再上場を行い、自身の利益を確定する**のです。ここで示したポッカは売却の、そしてあきんどスシローは再上場の典型的な例です。

● ポッカとあきんどスシローのケース

ポッカは2005年にアドバンテッジ・パートナーズの支援でMBOを実施しました。ポッカは中堅の飲料メーカーですが、全国に約9万台の自動販売機を展開し、かつシンガポールを拠点にアセアンで高いブランド認知を有するなど、独自の強みがありました。サッポロホールディングスは、国内の清涼飲料事業の強化と、アジア市場の開拓を計画していましたが、ポッカの強みを大きく評価し、アドバンテッジ・パートナーズからポッカを買収したのです。

あきんどスシローのケースでは、ユニゾンキャピタルのもとでMBOを実施しましたが、ペルミラ・アドバイザーズという別のファンドに「転売」され、ペルミラのもとで再上場を果たしています。最初に投資をしたファンドは期待リターンが確保できるのであれば、同業であろうと売却を決行しますし、後から買収したファンドも、さらなる企業価値の向上が見込まれると判断して投資をするのです。

これらのケースは、M&Aによる売却、再上場というファンドの利益確定の典型例といえます。

■ 近年のMBOの例

ポッカのMBO

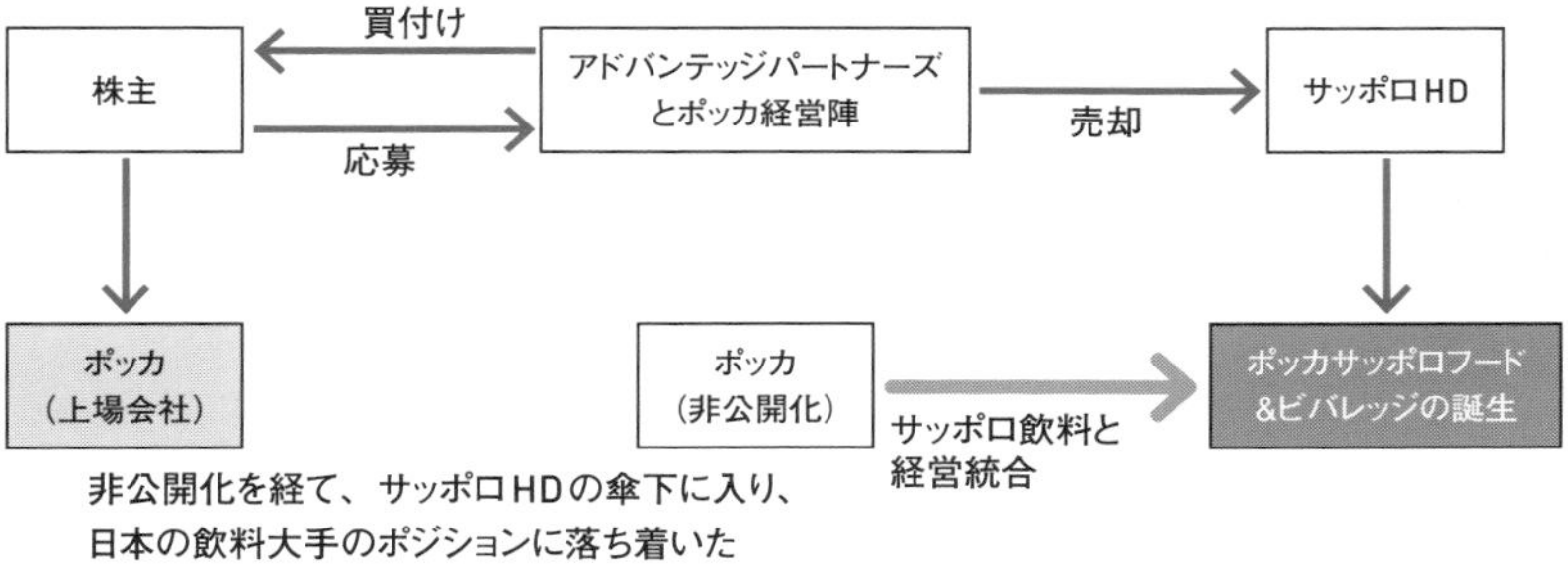

非公開化を経て、サッポロHDの傘下に入り、日本の飲料大手のポジションに落ち着いた

あきんどスシローのMBO

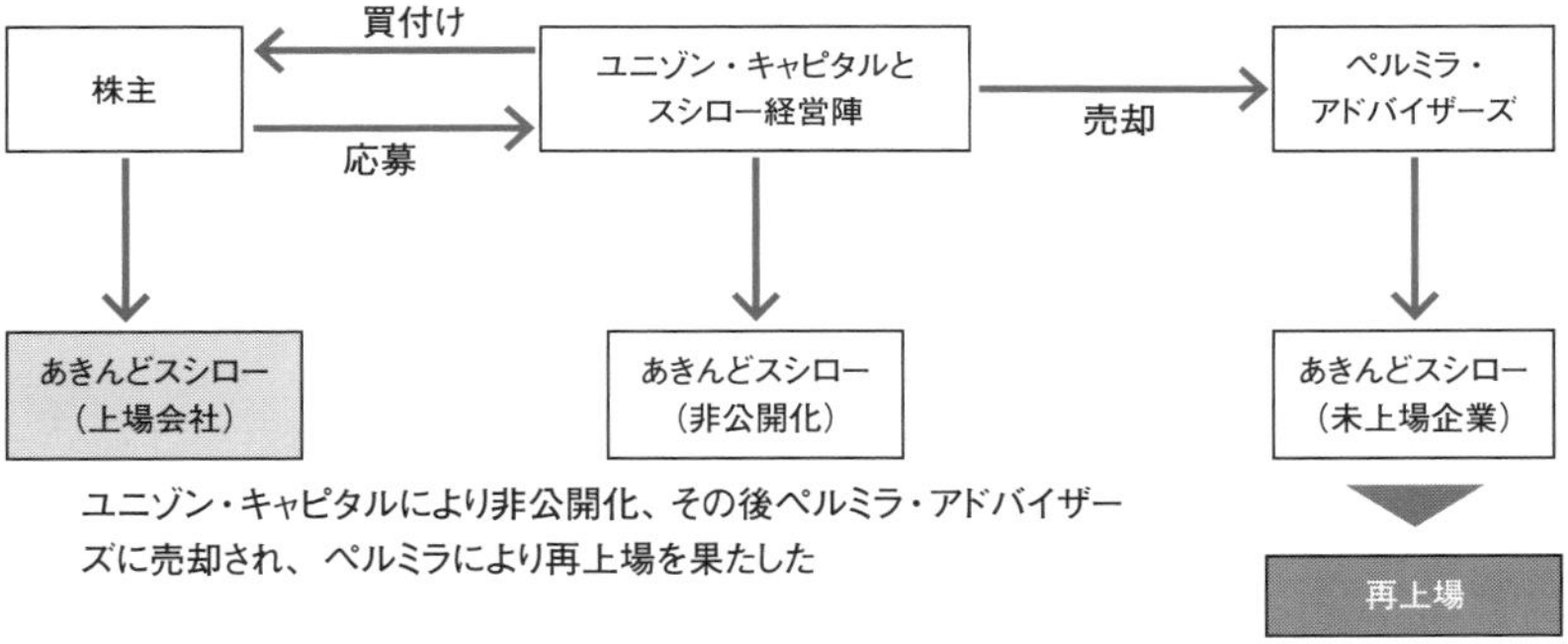

ユニゾン・キャピタルにより非公開化、その後ペルミラ・アドバイザーズに売却され、ペルミラにより再上場を果たした

- MBO（Management Buyout）：経営陣による買収のこと。上場会社を非公開化させる代表的な手法
- SPC（Special Purpose Company）：特別目的会社と訳される。ここでは買収を目的に経営陣とファンドによって設立される会社を指す。SPCの株主資本は経営陣とファンドの共同出資だが、通常、経営陣は企業を買収するだけの資金を持ち合わせていないので、資金の多くはPEファンドが提供する
- LBO（Leveraged Buyout）：SPCがファンドの資金に加えて、銀行借り入れをしてより大きな対象企業を買収することがある。これをテコの原理になぞらえて、LBOという

6 PEファンドの投資事例②：事業再生

バブル崩壊後、多数の日本企業が経営破綻の憂き目を見ました。しかし破綻した会社でも、保有している製品やブランドに価値がある場合には、資本を提供することで事業を継続させ、その結果、再生を果たすことができる場合があります。

● 事業再生の手腕が問われる

PEファンドの狙いは、経営が破綻した企業のスポンサーとして株主となり、経営の立て直しを行った後に売却や再上場をすることでリターンを上げることです。MBOは事業を継続している企業の買収ですが、事業再生の場合、対象会社は経営破綻をしていますので、リスクは格段に高くなります。**「製品やブランドに価値がある」という見立てが正しいか、コストカットを中心とした事業再生の施策をきっちり行うことができるか**という見極めが大切です。

● カネボウの事業再生のケース

ここでは2004年に実質経営破綻したカネボウの例を取り上げました。解散したカネボウは、まず産業再生機構の傘下に入ります。

ここでカネボウ化粧品が花王に売却され、残る事業に対して3つのファンドが合同でスポンサーに就任しました。投資スタイルが似ているファンドが共同で投資をすることはよくあります。

ファンド連合は3年後の2009年に持分の60%をホーユーに売却、さらに2011年に残る40%も売却して5年で完全に投資回収を果たしました。かつてのカネボウの日用品、食品、薬品の3事業は現在ホーユー傘下にあります。ホーユーがこのような事業を手中に収めることができたのは、カネボウの経営危機に対して、ファンドがリスクをとって事業の継続をさせたからなのです。

■ カネボウの事業再生

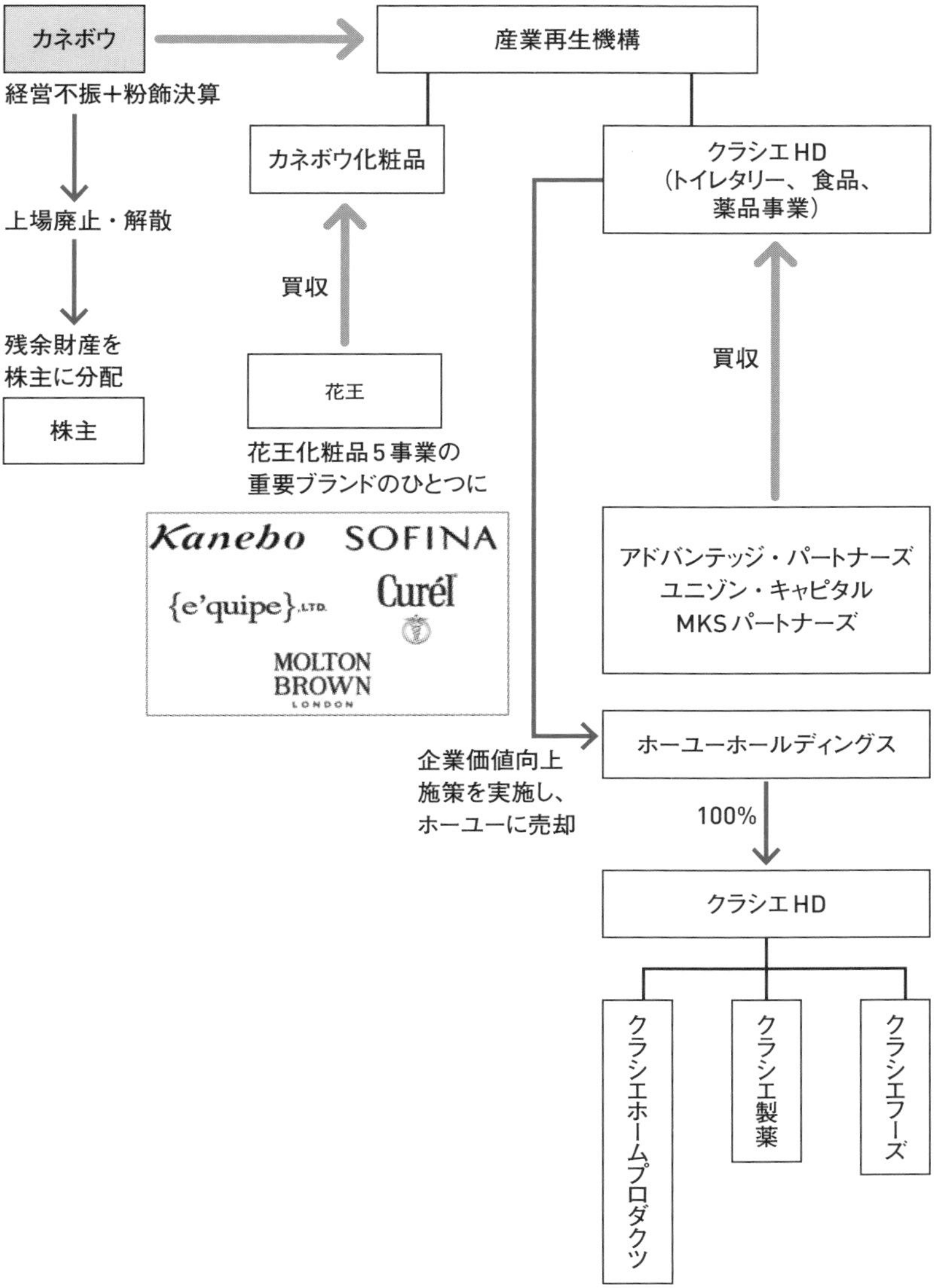

出所：各社ホームページ、新聞・雑誌などから著者作成

7

PEファンドの投資事例③：成長資金の提供

様々な投資活動を通じ、ファンドには企業価値向上にかかわるノウハウが蓄積されていきます。そのノウハウを使って、**買収後に企業が大きく成長することをサポートする事例もあります**。

● MBOによるバロックジャパンの海外進出

フェイクデリックは2000年設立のアパレル会社です。MOUSSY、SLYなどのブランドがファッション感度の高い女性に圧倒的に支持をされ、マルキューブランド※の代表格となりました。創業4年で売上100億円を達成するなど急成長を遂げましたが、もう一段の成長ができない状態が続いていました。国内での知名度はすでに高く、全国から出店要請はあるものの、ブランドの希少性を維持するためにはむやみに出店できないというジレンマに陥っていたのです。当然海外進出も検討しましたが、当時は金融機関の貸し渋りが顕著な時代で、融資を得るのも困難だったのです。

そこで当時の経営陣は、外資系の投資会社CLSAと組んでMBOを実行し、創業者から株を譲り受けてバロックジャパンと社名変更を行いました。海外展開、特に中国における店舗開発においては、CLSAの助言で現地の上場企業である百麗国際との間でJV組成を行いました。百麗国際は中国のみならず、香港、マカオ、アメリカにも進出している大企業です。彼らとの提携により、海外で大幅な出店が可能となり、これを機に企業価値が向上し、2016年にはIPOを果たしたのです。

このケースのポイントは、ファンドが資金提供のみならず、海外展開のアドバイザーとして大きな役割を果たしている点です。CLSAにはアジアでの投資実績があったため、このような付加価値の提供ができたのです。

※渋谷109で販売されているファッションブランドのこと

■ バロックジャパンのMBO

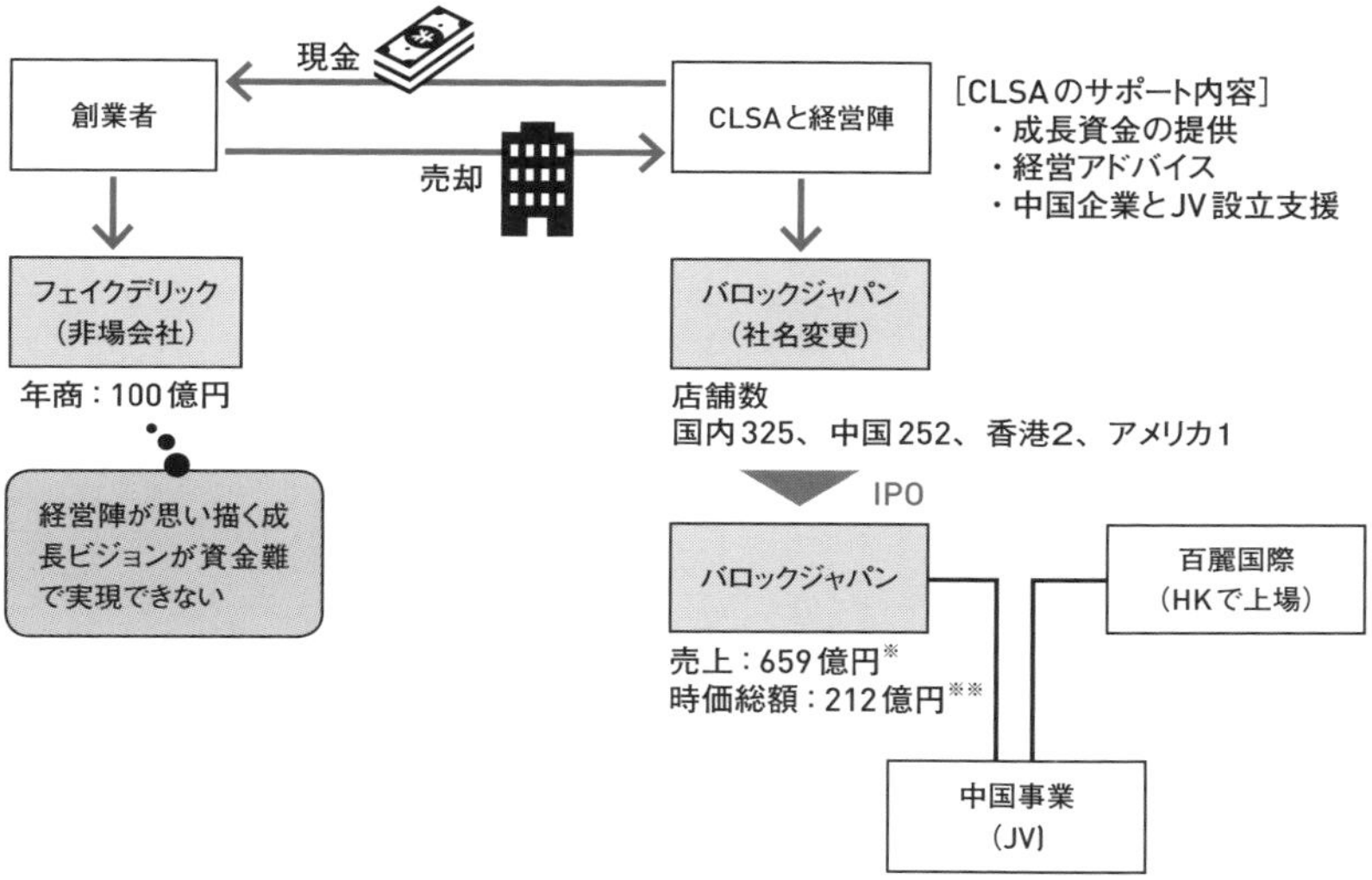

出所：各社ホームページ、新聞・雑誌などから著者作成
※2020年2月期の情報
※※2020年7月末執筆時点の情報

ファンドの協力により可能となった中国での出店

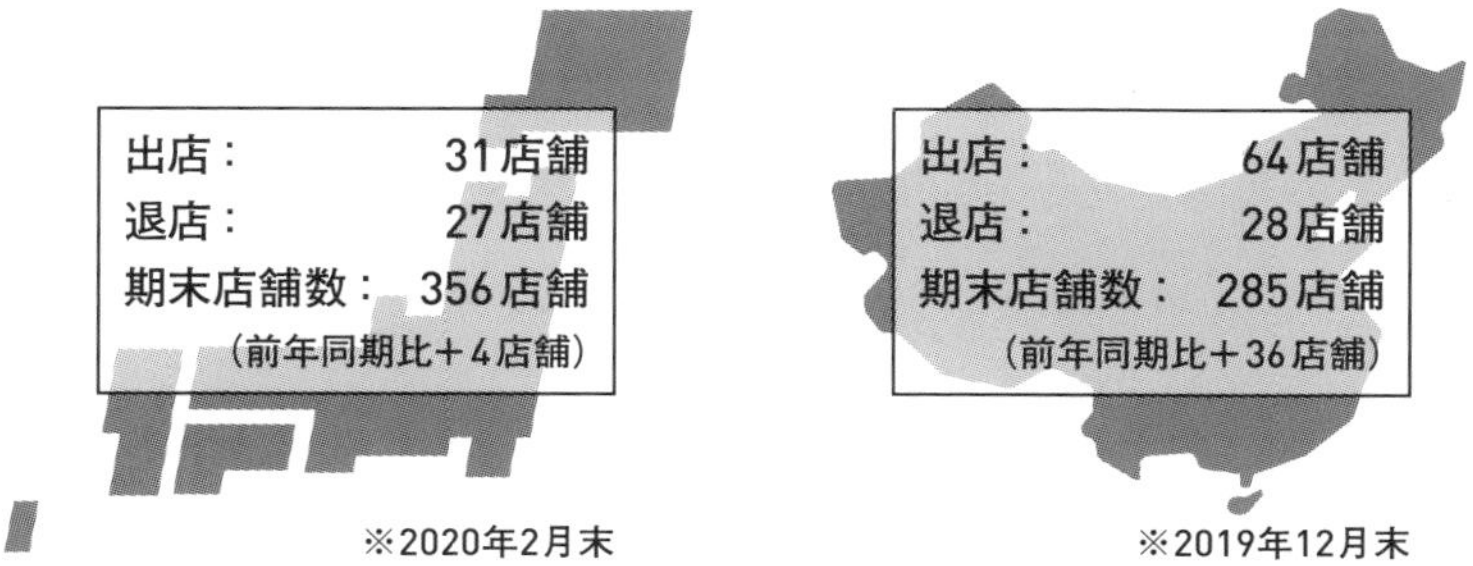

出店：	31店舗
退店：	27店舗
期末店舗数：	356店舗
(前年同期比＋4店舗)	

出店：	64店舗
退店：	28店舗
期末店舗数：	285店舗
(前年同期比＋36店舗)	

※2020年2月末　　※2019年12月末

出所：Baroque Japan Limited 2020 年2月期 通期 決算補足説明資料

8 PEファンドの投資事例④：事業承継への関与

● 後継者問題にM＆Aを活用

中小・零細企業の後継者不足が問題視されて久しいですが、中小企業庁の資料によれば※、今後5年間で30万社以上の中小企業の経営者が70歳になるにもかかわらず、なんと**60％に上る企業で後継者が見つかっていない状態**だそうです。

後継者がいないがために身売りをするM＆Aは日本国内で増加し、ファンドがその買い手になる例が増えています。中小企業の場合、売却対象会社の規模が小さい、成長率が低い、経営が非効率で買収後のリストラを必要とするなどの理由で事業会社が買収に二の足を踏むケースがあります。そのまま買収者が現れなければ廃業の危機にさらされます。そこにファンドが参画する余地があるのです。

● 石井スポーツとコメダ珈琲店のケース

石井スポーツ、コメダ珈琲店はいずれも名前の通ったブランドですが、後継者難に直面した時は規模が小さく、同業からの買収が期待できない状況でした。しかし保有するコンテンツやビジネスモデルに商機を見いだしたファンドが支援を行ったのです。

石井スポーツにおけるポイントは、ファンド傘下となった後に行った、競合のアートスポーツの買収です。これまでの石井スポーツでは資金的に難しかったであろう**買収を、ファンドの資金で実行することで規模の拡大に成功**しています。

またコメダ珈琲店の例では、まずアドバンテッジパートナーズの下で、ポッカとの資本業務提携を行っています。そして次にスポンサーとなったMBKパートナーズのもとで地理的拡大を実現し、上場を果たしています。

いずれもM＆Aにより、**後継者不在の企業が大手企業の傘下入りと上場を果たした**のです。

※出所：https://www.chusho.meti.go.jp/zaimu/shoukei/2017/170707shoukei1.pdf

■ 石井スポーツの事業承継

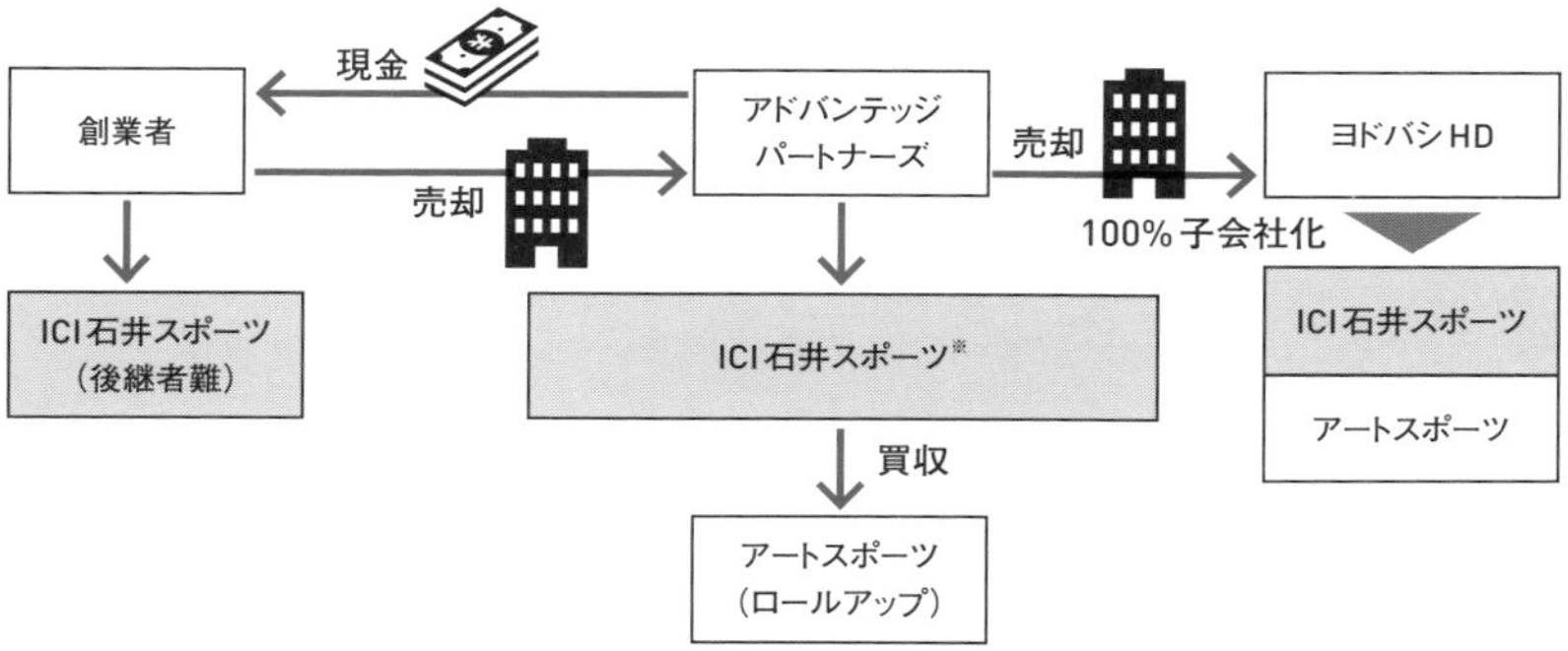

※店舗ブランドはMr 石井スポーツ

■ コメダ珈琲店の事業承継

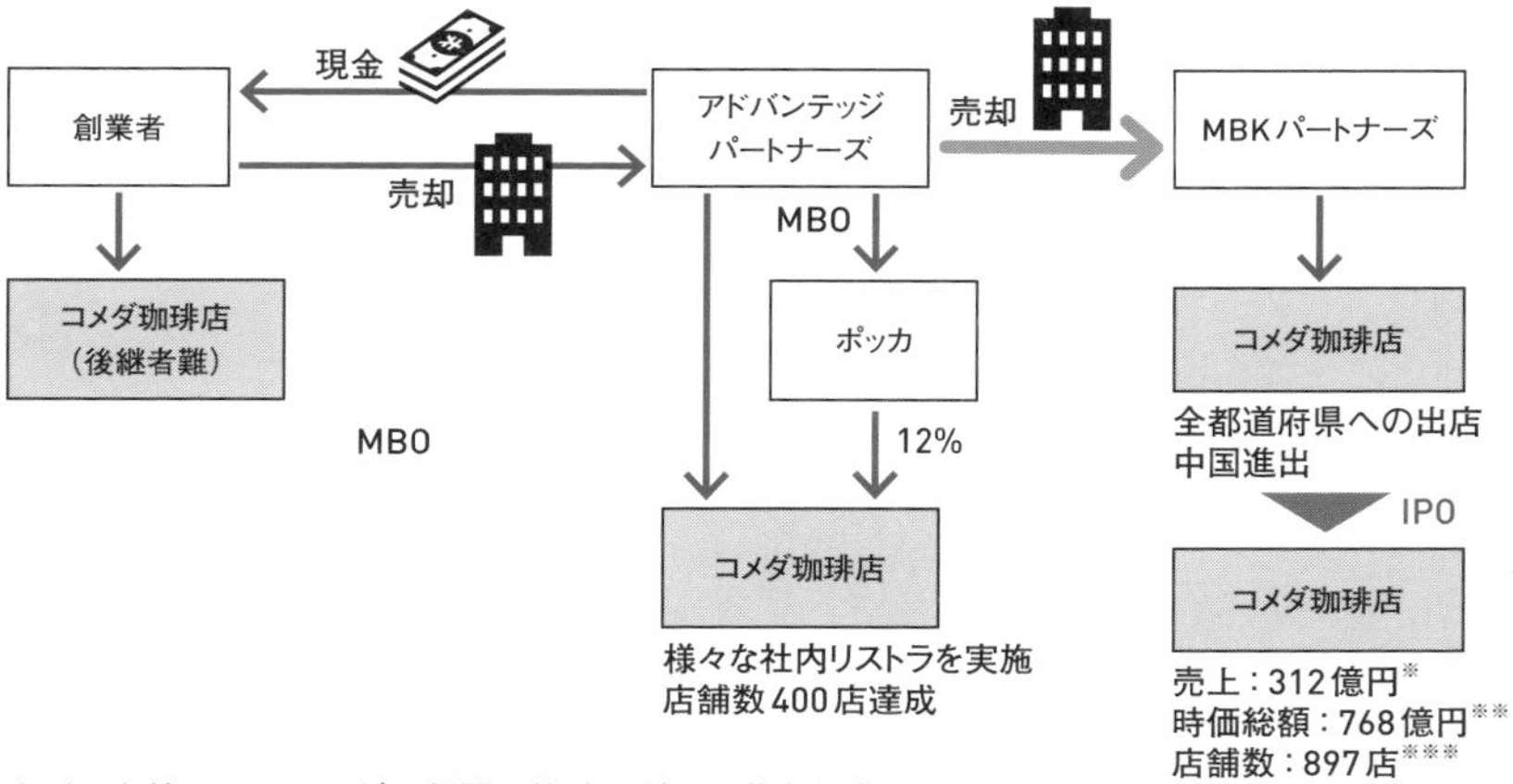

出所：各社ホームページ、新聞・雑誌などから著者作成
※2020年2月期の情報
※※2020年7月末執筆時点の情報
※※※2020年6月末の情報

ロールアップ戦略	ロールアップ戦略とは、投資する企業の同業会社を次々買収して市場シェアを拡大し、短期間のうちに企業価値を高めるという戦略（本章10節参照）
ポッカの関与	コーヒー豆の共同購買やセントラルキッチンの共有などでコメダ珈琲をサポートしたと想定される（本章9節参照）

9 企業価値の向上施策

第6章5節において企業価値が向上し、借入金の返済が進むことで株主資本の価値が急上昇する図を載せています。それでは企業価値の向上にはどのような施策があるのでしょうか。

● 会計の側面から見た企業価値の向上

繰り返しになりますが、企業価値は将来のフリーキャッシュフロー（FCF）を現在価値に引き直したものので求められます。FCFの求め方は左の図の説明の通りです。企業価値を増加させるには、営業利益を増加させることが最も効果的だということがわかるかと思います。具体的には、**売上を増大させ、同時にコストを低下させる施策**です。

● ケース別に見る企業価値の向上施策

バロックジャパンやコメダ珈琲店の例では、販売拠点の地理的拡大が図られ、それが売上増につながったことは容易に想像できます。また石井スポーツの例では、同業者の買収により、事業規模を拡大しています。

コメダ珈琲店の例では、ポッカから出資を受けて資本業務提携をしていますが、おそらくコーヒー豆の共同購買やセントラルキッチンの共有などの施策があったのではないかと思われます※。ポッカは大企業であり、大量のコーヒー豆を仕入れますので、その仕入価格や支払いまでの期間は、コメダ珈琲店が単独で行うものより有利な条件となるはずです。これによりコスト低下が図れますし、支払いまでの期間が長くなるようであれば、運転資金の減少にもつながり、FCFの増加に寄与します。

コストを発生させるものは多々ありますが、カットは痛みを伴いますので、身内がやるとどうしても甘くなりがちです。そのような時、ファンドは第三者としての冷静・冷徹な目で、本当に必要なコストカットの判断ができるのです。

※経営合理化の方策の解説は筆者の私見によるもの

■ フリーキャッシュフロー（FCF）の求め方

フリーキャッシュフロー＝

税引後営業利益 ＋ 減価償却費 － 設備投資金額 － 運転資金の増加分

税引前営業利益×（1－実効税率）

■ 具体的な2つの施策

●売上増加施策

・製品の拡充
・販売拠点の拡大
・販売地域の拡大
・同業の買収　　など

●コスト削減施策

・従業員数の適正化と人件費の抑制
・重複した固定資産の整理
・ITの集約　　など

施策により、
様々なシナジー効果が得られる

・クロスセル

パートナーの顧客に
自社製品を販売

・原材料の共同購入

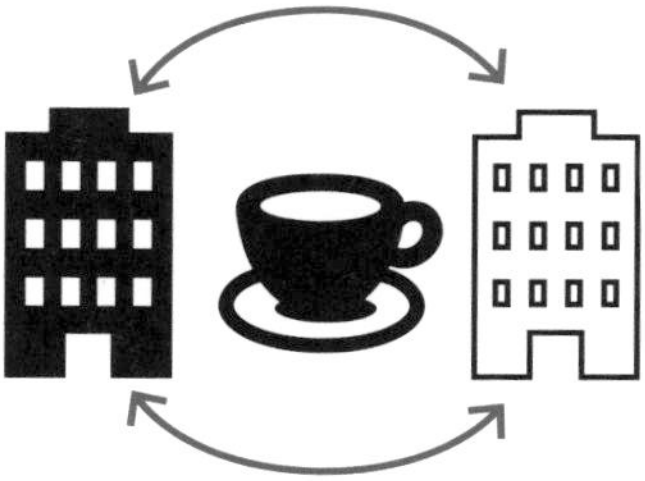

仕入れ量を増やすことで
ボリュームディスカウントを得る

・施設の共同利用

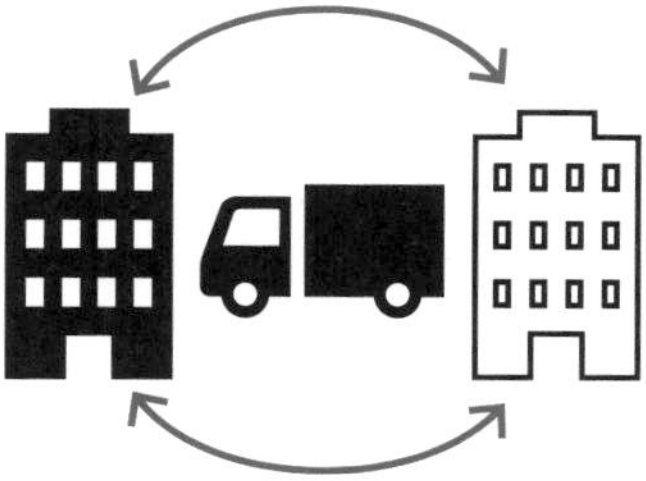

配送センターや
セントラルキッチンなどの
共用でコストを削減

10 企業価値の向上施策のクロスボーダーＭ＆Ａへの応用

ＰＥファンドによる企業価値の一連の向上施策は、あなたの会社がクロスボーダーＭ＆Ａを実施した際にも応用が利くものです。ここでは買収による事業規模の拡大（**ロールアップ**）、地理的拡大、信用補完の３つの戦略から考えてみましょう。

● ロールアップ

ロールアップは石井スポーツに見られた例です。**買収・提携した企業がその下でさらなる買収・提携を行うことで、企業規模を大きくし、買収者・提携者の企業価値向上につなげる戦略**です。

金融市場の発達していない新興国においては、大企業でも資金調達できず、現地で買収できないというケースがあります。しかし日系企業との提携によって資金が得られれば、ロールアップを進めることが可能です。

● 地理的な拡大

地理的な拡大はバロックジャパンが典型例ですが、左の図では、現地企業の知見を活かしてさらなる海外進出をするケースを描いてみました。新しい市場の知見を得ることは難しいものですが、**提携・買収先がその市場に知見を持っている場合は、それを積極的に活用しましょう**。左の図では地理的拡大に加えて、ロールアップも実現できていることがわかると思います。

● 信用補完

信用補完はコメダ珈琲店をポッカがサポートしたケースが典型です。特にクロスボーダーＭ＆Ａでは、**日系企業の信用力によって現地企業が恩恵を受け、金融機関を含む取引先との関係が有利になります**。

ファンドは投資先の企業価値の向上に大きな役割を果たしていますが、クロスボーダーＭ＆Ａでは類似の貢献を日系企業が提供することができるのです。

■ M&Aにおける売買対象物

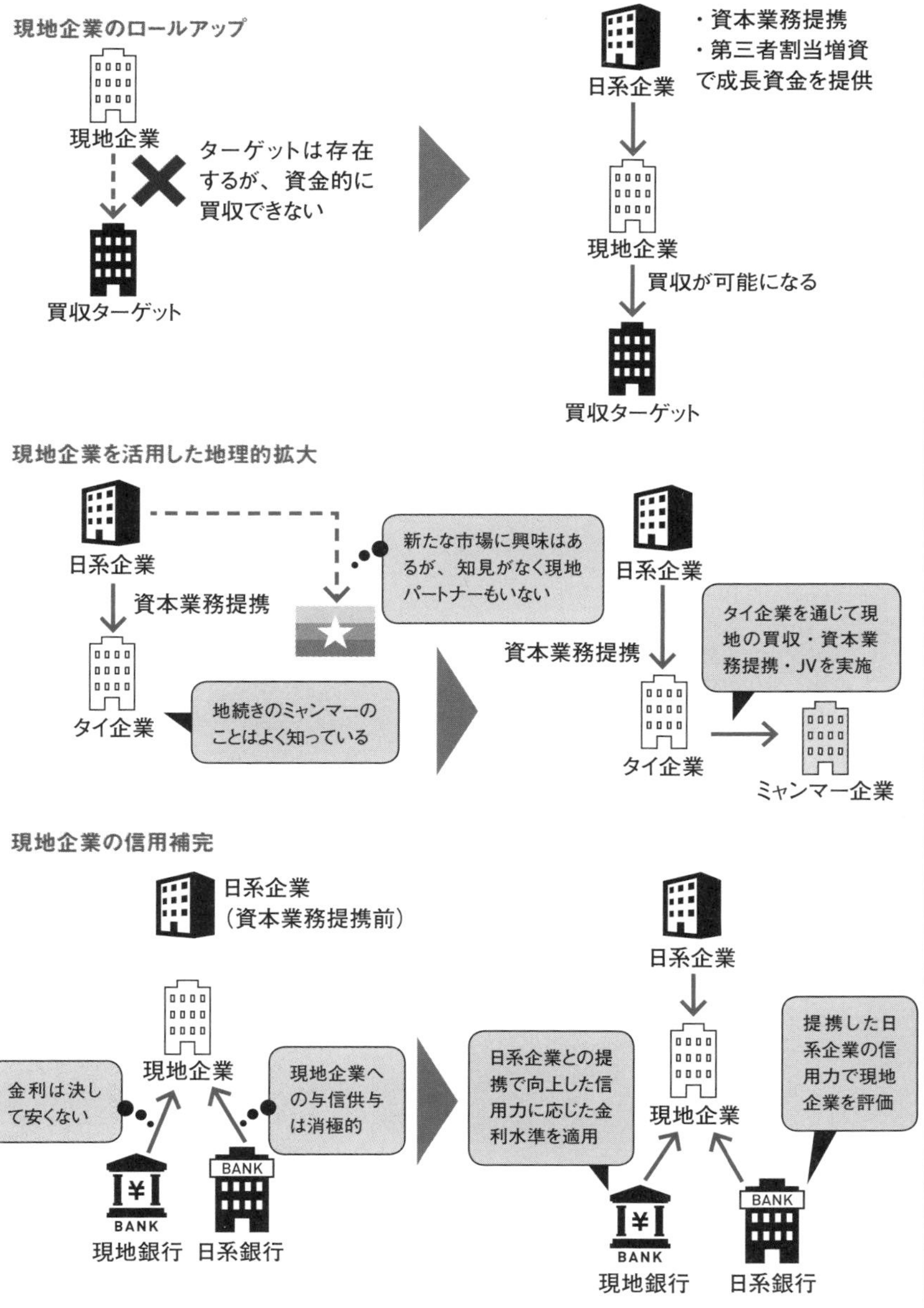
現地企業のロールアップ
現地企業
買収ターゲット
ターゲットは存在するが、資金的に買収できない
日系企業
・資本業務提携
・第三者割当増資
で成長資金を提供
現地企業
買収が可能になる
買収ターゲット
現地企業を活用した地理的拡大
日系企業
資本業務提携
タイ企業
新たな市場に興味はあるが、知見がなく現地パートナーもいない
地続きのミャンマーのことはよく知っている
日系企業
資本業務提携
タイ企業
タイ企業を通じて現地の買収・資本業務提携・JVを実施
ミャンマー企業
現地企業の信用補完
日系企業
（資本業務提携前）
現地企業
金利は決して安くない
現地企業への与信供与は消極的
BANK
現地銀行
日系銀行
日系企業
現地企業
日系企業との提携で向上した信用力に応じた金利水準を適用
提携した日系企業の信用力で現地企業を評価
現地銀行
日系銀行

11 ベンチャーキャピタル（VC）とは？

ベンチャーキャピタル（**VC**）は、高い成長率が期待される未上場企業に投資をし、その企業がIPOを実行する際、もしくは高額で大企業に買収される際に投資を回収して利益を上げるファンドです。つまり将来的に「大化け」するような企業を早期に発見し、成長支援を行うことで利益を上げることを目指します。

● VCの役割

近時、IT や人工知能（AI）などのテクノロジーを活用して独創的なビジネスモデルを持つスタートアップ企業が増えています。スタートアップ企業は往々にして、顧客基盤が弱いため売上が安定せず、財務体質が不安定なものです。また組織も小さく、経営者も組織運営に不慣れです。このようにスタートアップ企業は銀行から融資を受けることが難しいので、**資金提供と経営アドバイスという両面からVCが支援する**のです。非常にリスキーな投資対象ですので、将来的にちゃんと成長できるかどうか、その会社の持つテクノロジーやビジネスモデルをしっかり目利きできる能力がVCには必須だといえます。

● 近年のVCの傾向

左の表は、日本で運営しているVCの一例です。様々な系列のVCが存在しますが、近時の特徴として、政府や大学によるVC設立や、大企業が社内組織の一環として**コーポレートベンチャーキャピタル**（**CVC**）を立ち上げるケースが増加していることが挙げられます。CVCは、ファンドとして投資リターンを追求することはもちろんですが、**自社の研究室では得られないようなテクノロジーの獲得や、本業へシナジーを与えるビジネスモデルの追求も同時に行っています**。まさにオープンイノベーション※の場としてCVCを活用している企業が増えているのです。その背景については、次のページで考えてみましょう。

※自社と外部の持つ技術やアイデア、ノウハウ、データなどを組み合わせ、革新的なビジネスモデル、研究成果、製品開発などにつなげるイノベーションの方法論である

■ 日本で活動するVCの4分類

独立系VC

業歴の長いものから、最新テクノロジーに特化した新興のVCまで様々

- BEENEXT
- ジャフコ
- 日本ベンチャーキャピタル
- グロービス・キャピタル・パートナーズ
- モバイル・インターネットキャピタル
- グローバル・ブレイン
- インフィニティ・ベンチャー・パートナーズ
- WiL
- アントレピア

金融機関系VC

金融機関の情報力を活用できるのが強み

- 三菱UFJキャピタル
- SMBCベンチャーキャピタル
- みずほキャピタル
- SBIインベストメント
- オリックス・キャピタル
- 安田企業投資
- 三井住友海上キャピタル
- ニッセイ・キャピタル

政府・大学系VC

政策や大学の研究室とリンクした投資を行う

- 産業革新機構
- 東京中小企業投資育成
- 東京大学エッジキャピタルパートナーズ
- 慶應イノベーション・イニシアティブ（慶應大と野村HDの共同VC）

CVC

本業とのシナジーを目指す。オープンイノベーションとして活用するケースもある

- NTTドコモ・ベンチャーズ
- TBSイノベーション・パートナーズ
- フジ・スタートアップ・ベンチャーズ
- 電通イノベーションパートナーズ
- YJキャピタル
- 伊藤忠テクノロジーベンチャーズ
- 三井物産グローバル投資

12 近時のテクノロジーとDXの動向

●ＣＶＣが活発化する背景

近時、ＣＶＣが活発になっているのは、**デジタルトランスフォーメーション（ＤＸ）が大きく進み、それが様々な産業・ビジネスの在り様に大きな影響をもたらすと考えられているから**です。

ＤＸとは、「ＩＴの浸透が、人々の生活をあらゆる面でよりよい方向に変化させる」という概念です。様々なテクノロジーがそれぞれ独立的に存在するのではなく、インターネットで相互に連関して、これまでにない可能性とそれに裏づけされた新しい価値観を生み出していく流れのことをいいます。

左の図にあるように、様々な領域で新しい技術が日々生まれ、それがインターネットによってつながり、しかも現実社会と仮想社会の両方のアプリケーションによって様々な産業とビジネスに変革をもたらそうとしているのです。これまで、将来の予測は現状の延長線上に見えていましたが、それが難しくなってきました。感覚的にいえば、「社会変化のスピードが、1次関数から指数関数に変わりつつある」ということです。グラフの傾きが急になる分、事業戦略の立案や付随する投資計画の難易度も上がってしまうのです。

●企業にとってのＣＶＣの意義

企業活動における研究開発や新規事業開発は、その企業の将来の競争力にかかわる非常に大切なものです。当然、それらは極秘事項として、社内だけに留めおかれる情報やノウハウです。しかし、研究開発や新規事業開発を従来のやり方で、しかも自社のスタッフだけで継続しても、ＤＸのスピードについていけないと考える企業が増えてきたのです。その意味で、**オープンイノベーションの場を新しい技術やビジネスモデルを獲得できるよい機会だと捉え、ＣＶＣ設立につながっている**のです。

■ DXの進化の過程

第1フェーズ Computerized

テクノロジー（コンピューター化）による業務プロセスの強化

業務にコンピューターを組込むことで、飛躍的に生産性を挙げることに成功した

第2フェーズ Connected

テクノロジーが、ビジネスと人、起業を相互に接続

スピード、距離、およびビジネスの量的・質的変化がもたらされた。これまで人の経験、知識、勘に頼ってきた部分が機械に置き換わってきた

第3フェーズ Combined

テクノロジーがあらゆる事象を取り込み、仮想世界（デジタル）と現実世界（アナログ）を結合

現実世界のあらゆる事象が取り込まれた仮想世界が構築される。仮想世界での事象や経験がシームレスに現実世界にフィードバックされ、両社が絶え間なく交差する

■ DXをとりまくビジネス環境

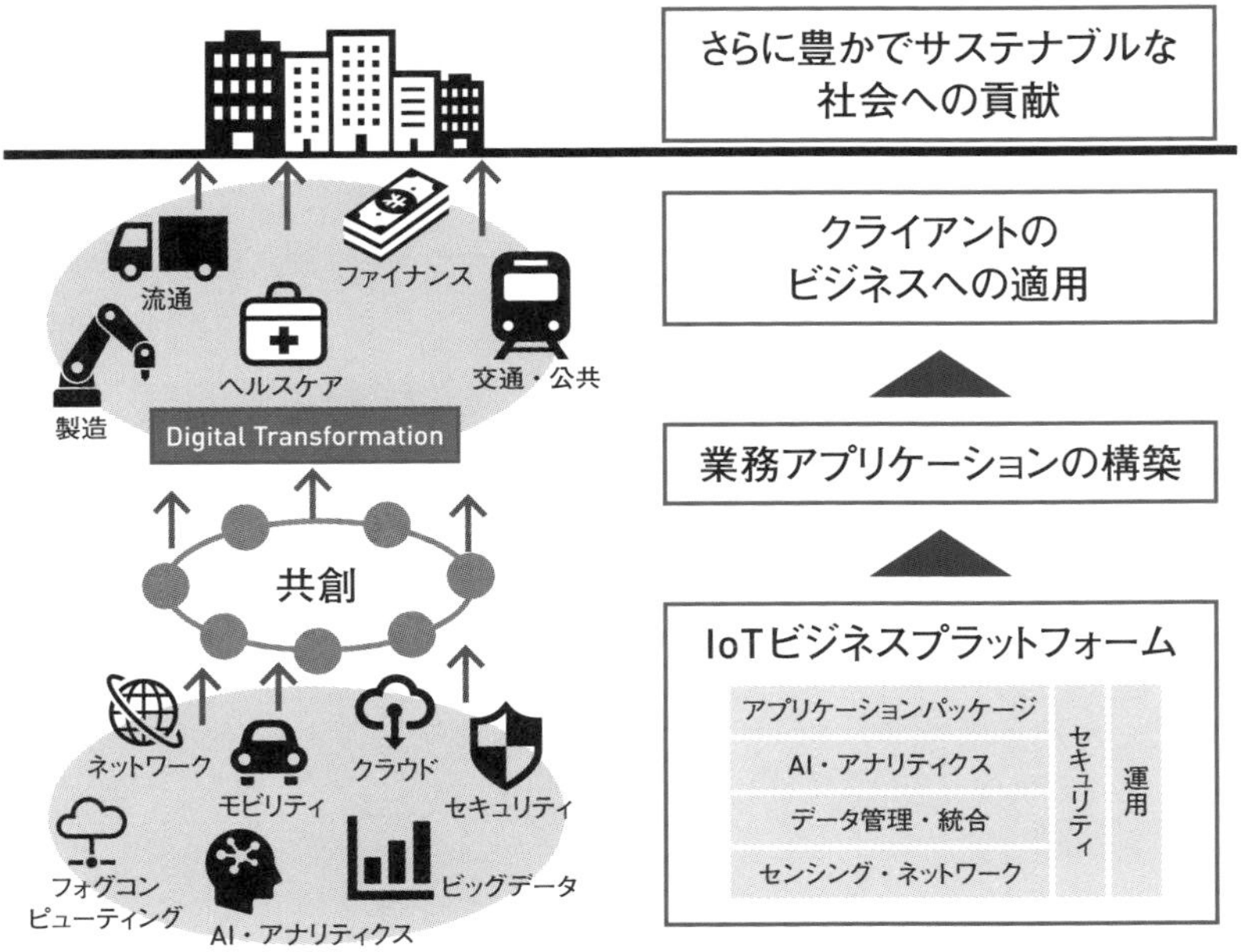

13 世界と日本のスタートアップ事情

●世界に後れをとる日本のスタートアップ状況

それでは近年のスタートアップの状況はどうなっているのでしょうか？　スタートアップ企業の活動そのものを把握するのは困難なので、**ユニコーン企業**※の数で日本と世界を比較してみましょう。

さて、左の表には驚かれるかと思います。日本におけるユニコーン企業の数や時価総額が、世界水準から大きく水をあけられているのです。**スタートアップ大国は何といってもアメリカと中国です。**これに時価総額規模でインドとイギリスが続いており、日本は韓国やインドネシアにもはるかに劣後している状況なのです。インドネシアは交通インフラが整っておらず、所得水準が低い層がまだ相当数あります。移動に不便を感じる人や、銀行口座を持てないがローンを借りたい人がいるという社会課題が依然残っており、これにソリューションを提供したいという起業家が多数存在しているのです。

●日本のユニコーン企業が少ない理由

日本でユニコーン企業が誕生しにくい理由はいくつかあります。主な理由は、社会が成熟しインドネシアのような社会課題が少ない、大企業信奉が社会全体で根強い、失敗を恐れてチャレンジしない（させない）風潮、起業による成功体験の蓄積が少ない、というところでしょう。

第4章6節で経営を担うことができるような起業経験者があなたのまわりにはいないはずだと書きましたが、それにはこういう理由があったのです。

しかし日本と同様に豊かなアメリカが、スタートアップを生み出す、すなわち新しい価値を世の中に生み出す活力にあふれていることは特筆に値します。このような差が生まれる背景を次節で探ってみたいと思います。

※ユニコーン企業とは業歴が浅いにもかかわらず、時価総額1,000億円以上に成長した未上場企業を意味する。上場を果たして今では大企業となったアメリカのFacebook、Twitter、日本のLINEやメルカリもかつてはユニコーン企業の1つだった

■ 世界と日本のスタートアップ状況比較表

●ユニコーン企業の時価総額ランキング

	社名	時価総額（億円）	本社所在国	事業内容
1	Toutiao（Bytedance）	148,400	中国	Tiktokの運営
2	Didi Chuxing	59,360	中国	配車サービス
3	Stripe	38,160	アメリカ	金融サービス
4	SpaceX	38,160	アメリカ	宇宙事業
5	Palantir Technologies	21,200	アメリカ	データ分析
6	Airbnb	19,080	アメリカ	旅行
7	Kuaishou	19,080	中国	通信サービス
8	One97 Communications	16,960	インド	金融サービス
9	DoorDash	16,960	アメリカ	物流
10	Epic Games	18,868	アメリカ	オンラインゲーム

●国別ユニコーン企業数および時価総額総計

国名	ユニコーン企業数	時価総額合計（億円）
日本	3	4,452
アメリカ	232	720,779
中国	121	531,018
インド	21	81,238
イギリス	25	71,783
韓国	10	30,708
ドイツ	13	27,518
インドネシア	5	26,924

圧倒的にアメリカと中国が多い

●日本の現在のユニコーン企業

社名	時価総額（億円）	事業内容
Preferred Networks	2,120	AIのディープラーニングの研究と開発を行う会社。交通システム、製造業、バイオ・ヘルスケアの3領域を中心に、様々なイノベーションを実現することを目指す
SmartNews	1,272	スマートフォン用のニュースアプリ、並びに同アプリを提供する企業
Liquid	1,060	仮想通貨の取引プラットフォームの提供会社

出所：「CB Insights（2020年7月）」https://www.cbinsights.com/research-unicorn-companies

14 日本人に求められる事業創造力

● デット型とエクイティ型

「あなたはデット型の人間ですか、それともエクイティ型の人間ですか?」こんな荒唐無稽な質問をされたら即答できずにポカンとしてしまうかもしれませんね。

デットとは銀行からの融資であり、決められた期限に利子と元本を返済する契約です。**エクイティ**は株主資本のことです。株主から委嘱《いしょく》を受けた経営者は、可能な限り早期に企業価値を向上させて株主にリターンを提供することが求められます。

デット、つまり債務に対する履行責任を果たすための手っ取り早い方法は**コストカットによる返済原資の確保**です。一方エクイティの利益を上げるためには、**コスト削減に加えて売上・利益の増加が必要で、そのための事業創造**が求められます。デット型・エクイティ型という冒頭の質問は、あなたはコストカッターか事業創造者かという質問と同意です。

● 日本企業に足りない事業想像力

前節で日本におけるスタートアップの数が極端に少ないことを示しました。この事実は要するに日本における事業想像力、つまり前節で言及した「新しい価値を生み出す活力」が他国と比べて低いことを意味しているのではないかと私は危惧しています。振り返ると平成の時代は、バブル崩壊とリーマンショックに翻弄された「失われた20年」と呼ばれた時代です。コストカットによる返済原資を確保することに明け暮れる毎日でしたが、その間に、事業想像力が低下してしまったのではないでしょうか。

DXが進行する今の時代においては、これまで以上の事業創造力が求められています。４０００万人もの人口が減少していく中、新しい価値を世の中に生み出していける人材輩出は急務なのです。

■ デットの発想vsエクイティの発想

デットの発想

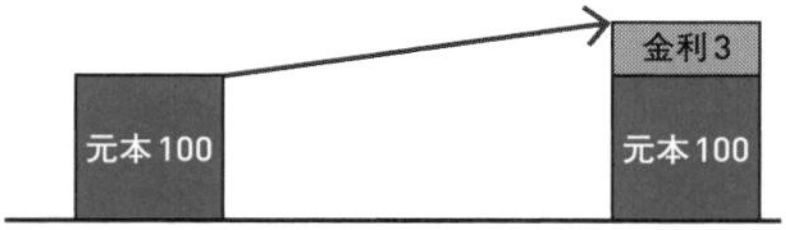

元本が100、金利が3%だとしたら、期日に103を返済するのがデットの契約

エクイティの発想

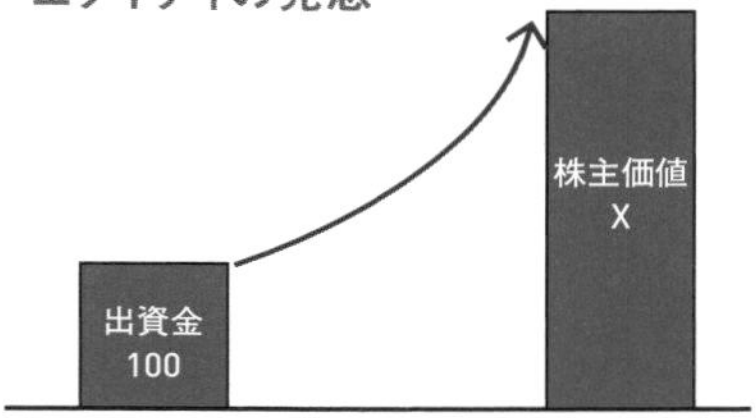

エクイティの世界では、企業価値の向上により株主資本を大幅に増加させることが求められる

日本に必要な発想の転換

返済原資の捻出にはコストカットが有用

▼

失われた20年の間、日本企業はデットの返済に明け暮れた

▼

企業価値の向上には、コストの圧縮（デットの返済）に加えて売上・利益の増加が必要。事業創造力がカギ

ポイント

事業創造ができる人材を育成していくことが日系企業の成長には不可欠

Summary

さて本章ではM&Aシーンで大きな存在感を示すファンドについて学んできました。PEファンドの活動においては、MBO、事業再生、成長資金、事業承継という4つの領域でのケーススタディを取り上げました。いずれの場合も企業価値の向上施策をとることで、つまりそれまでの経営者には実現できなかった「新しい価値を付加する」ことでリターンを得てきたことがおわかりいただけたと思います。この企業価値向上施策は、クロスボーダーM&Aで買収や提携をした先にも応用できますので、ぜひ参考にしていただきたいと思います。

一方、日本におけるスタートアップ企業の少なさ、つまり起業家の少なさは、今後の日本の競争力を考える上で非常に危惧されるところです。DXの進行により、社会変化のスピードが1次関数から指数関数に変わりつつありますから、デット返済型の1次関数の発想からエクイティ増殖型への指数関数的発想に変質しなくてはなりません。そのために若い世代にどんな教育が必要となるか、私もこれからの人生で考えていきたいと思います。

さて第7章では、DXの進行により産業がどのような影響を受け、そして変貌しているかを見ていきます。DXはテクノロジーの進化によりもたらされていますが、個々のテクノロジーが独立に機能するのではなく、相互に連関して新しい価値を生み出すのが特徴です。DXの本質はConnectivity（つながる）ということなのです。このConnectivityが顕著に見られるテクノロジー、金融、ヘルスケア、自動車産業の世界で起こっている動きを概観し、その上で日系企業にとってのM&Aの機会がどのようなものになるのか考えていきたいと思います。

第 7 章

「次世代ビジネス」と日本企業のM&A

1 注目すべき産業①：テクノロジー

● 注目すべきコネクティビティ

ＡＩ、ブロックチェーン、破壊的イノベーション※とテクノロジーやそれに関連する専門用語を新聞や経済誌でよく見かけるようになりました。**ＤＸ**（デジタルトランスフォーメーション）の進行は産業に大きな変革をもたらすため、この流れを捉えて「次世代ビジネス」を立ち上げようという企業が増えています。

ＤＸ進行の過程では、個々のテクノロジーが独立に機能するのではなく、相互に連関して新しい価値を生み出すのが特徴です。例えばスマホの登場により、Ｅコマースによる買い物とその支払いは、場所と時間を問わずに行えるようになりました。通信の技術が、小売と金融をつないだのです。別の見方をすると、通信事業者が小売と金融に参入することも可能になることを意味します。この「つながり」を意味する**コネクティビティ**※※こそが、ＤＸの本質であり、その広がりは左の図のように産業からライフスタイルまで広範なものとなるのです。

● ソフトバンクのケース

さて、日本におけるテクノロジー企業の代表格は本書執筆時点においてソフトバンクでしょう。彼らの近時のＭ＆Ａを整理してみると、金融・小売・輸送・不動産と、本業とは関係のない事業に大きな投資をしています。

実はこれらの事業においては、ソフトバンクが持つＩＴ・通信のコアテクノロジーが、競争力発揮のための重要なツールになっているのです。コネクティビティを実現できるからこそＭ＆Ａを実行し、通信事業者の枠を超えた新しい事業体を作り上げようとしているのです。

このように、テクノロジーの発達と付随するＤＸの進行が、Ｍ＆Ａの在り方を大きく変えようとしています。

※従来の価値基準のもとではむしろ性能を低下させるが、新しい価値基準の下では従来製品よりも優れた特長を持つ新技術を破壊的技術といい、そのような技術、製品、ビジネスモデルがもたらす変化のこと

■ 次世代ビジネスのキーワードはコネクティビティ

テクノロジーは人間の人智をAIがサポートすることでさらに進化する。リアル空間のみならず、バーチャル空間の広がりも加えて、様々な産業に影響を与えていく

■ ソフトバンクグループの近時のM&A（金額は投資額）

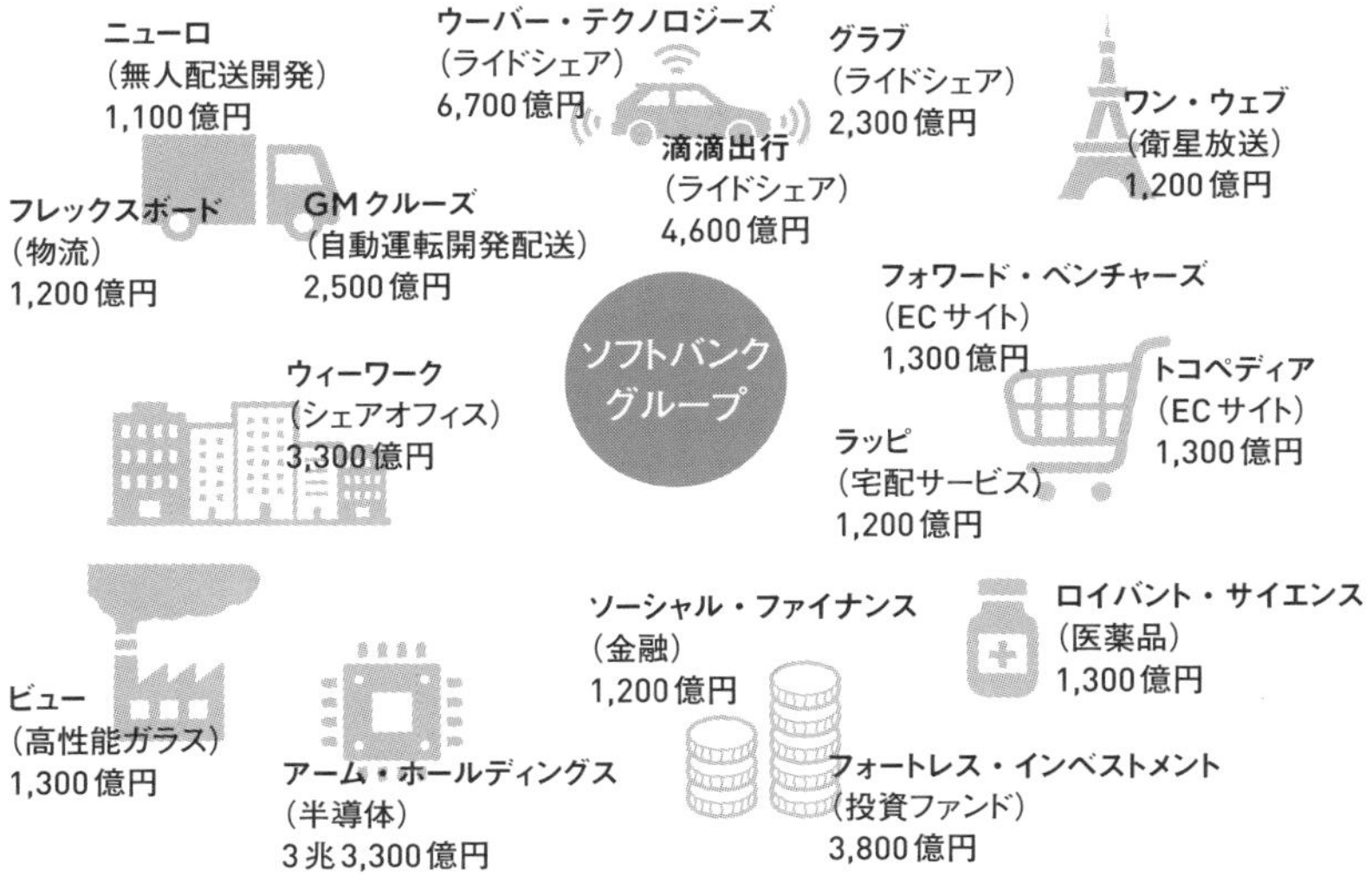

※※Connectivity

注目すべき産業②‥フィンテック・金融

フィンテック（FinTech）とは、ファイナンスとテクノロジーを組み合わせた造語で、金融サービスと情報技術を結びつけた様々な革新的な動きを指します。身近な例では、スマホを使ったキャッシュレス決済もその1つです。

● 新興国でのビジネスチャンス

左下のグラフはアセアンの5カ国におけるアンバンクの比率※です。日本を含む先進国では、多くの人が複数の銀行口座を持ちますが、GDP水準が低い国においては、銀行口座の保有しない人が非常に多いのです。グラフによるとフィリピンやベトナムで70％近い人が銀行口座を持っていません。彼らは日払いで給料を支給されますので、クレジットカードは持っていませんし、ローンを組んで家具、車、住居などの購入もできません。

しかしこのような国においても、携帯電話の契約率は人口比100％を超えており、銀行口座は持っていない人でもスマホは保有しているという実態があります。近年、SNSでの投稿の質で個人の信用状況を審査するテクノロジーができており、それを活用すれば、銀行口座を持たない人にもスマホ経由でローンが提供できるのです。それはテクノロジー企業が金融業に参入できることを意味しています。言い換えれば、従来の金融業者が触ることができなかったアンバンクの層を、テクノロジー企業がいきなりローン顧客に変質させるということなのです。テクノロジーは、支店や審査部を必要とする従来の銀行ビジネスを根底から覆すまさに「破壊的」なものといえます。テクノロジー企業が、顧客基盤の大きな銀行を買収するようなM＆Aも発生していくことでしょう。新しい技術は、既得権益者にとっての大きな脅威にもなりうるのです。

※総人口に占める銀行口座を持たない人の比率

■ フィンテックがもたらす異業種間のコネクティビティ

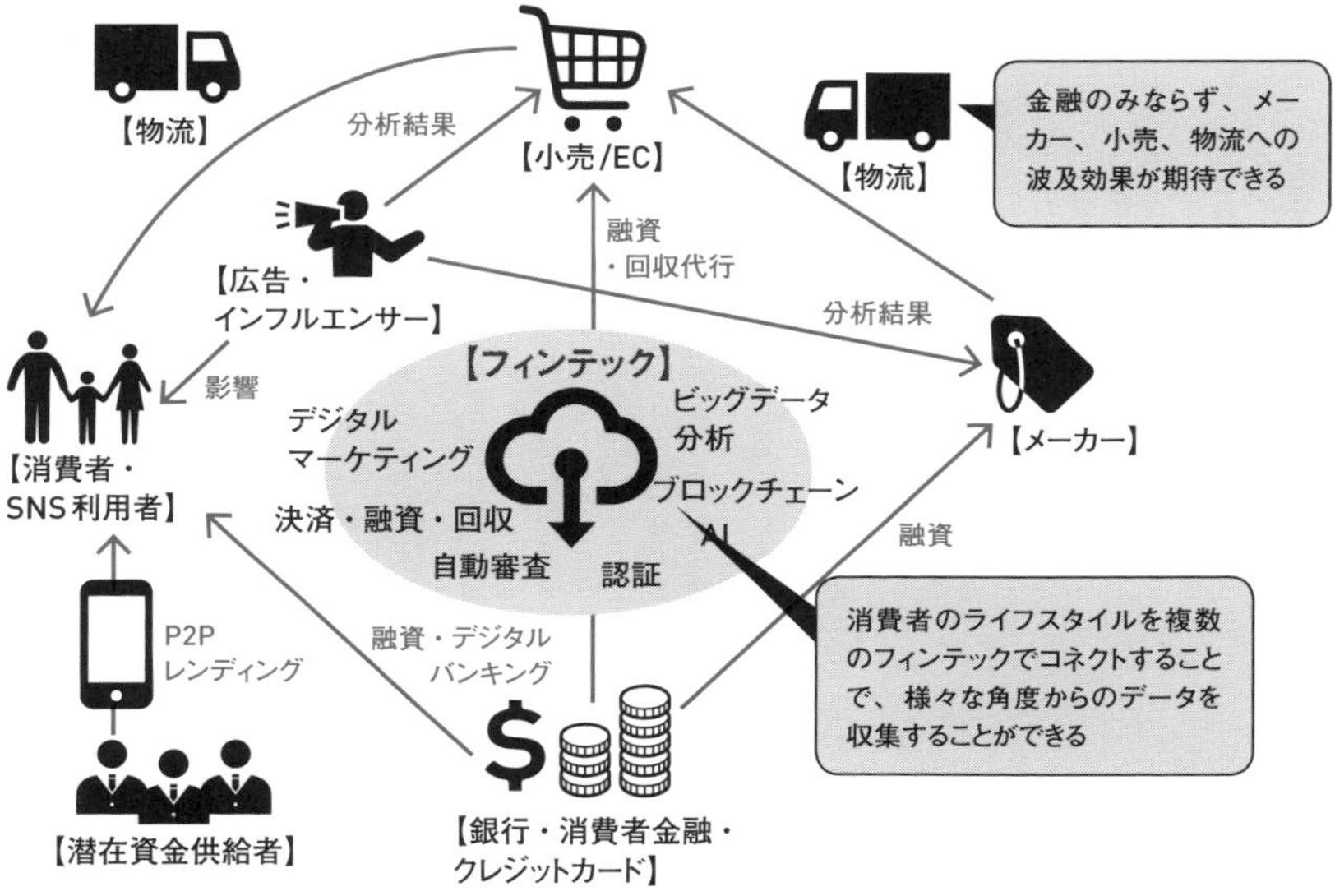

■ アセアン主要国のアンバンク比率

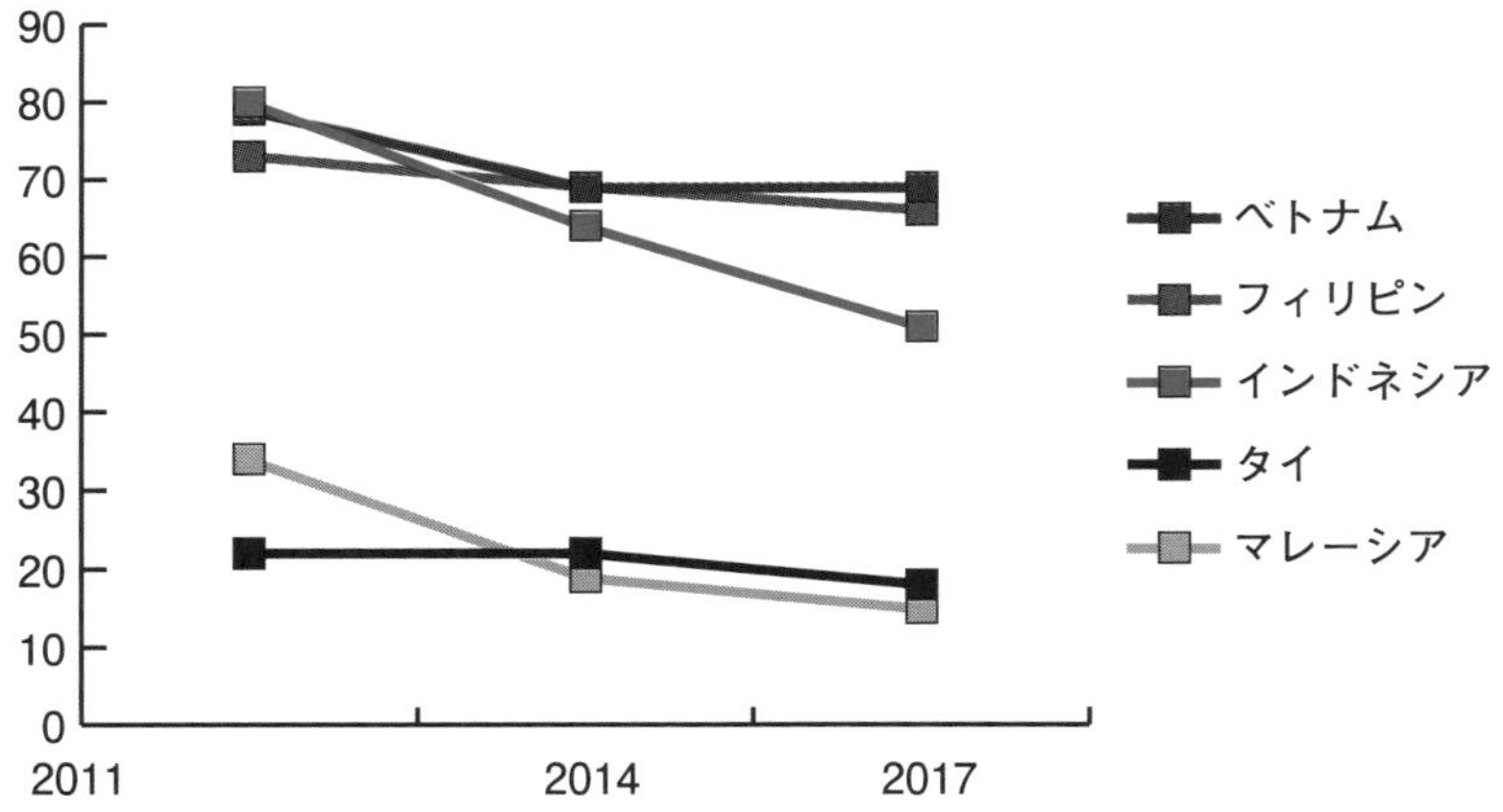

出所: World Bank "The Global Findex Database 2017"
https://globalfindex.worldbank.org/

3 注目すべき産業③：ヘルスケア

新型コロナウイルスの拡大局面では、医療現場がクローズアップされる機会が多くありましたが、ヘルスケア業界でも、コネクティビティが新しい可能性をもたらし始めています。本来、医療行為やサービスは対面でしか行うことができないものですが、テクノロジーにより遠隔操作による医療関連サービスを可能にし、データ収集・管理の自動化ができるようになりつつあります。医療提供者とテクノロジー提供者の提携は、左の図のようにヘルスケアの様々な領域で発生してくることでしょう。

● ますます大型化するM&A

一方、がんや認知症など、アンメット・メディカル・ニーズ※に対する創薬の期待は大きく、製薬会社間で激烈な開発競争が繰り広げられています。また新型コロナのような未知の病も今後発生するでしょうから、創薬の努力に終わりはありません。左の表は世界の製薬会社の売上ランキングトップ5です。日本のトップ3と比較してみると、売上規模の差もさることながら、研究開発にかける金額の差が大きいことが見てとれるでしょう。

第1章6節で、武田薬品の大型M&Aの事例が2つ紹介されています。1・3兆円を投じたナイコメッドの買収は、新興国における売上シェア確立のためであり、約7兆円を投じたシャイアーの買収は、血液製剤の開発パイプライン獲得を目的としています。しかし、このような大型の買収を行っても、世界のトップ5の背中は遠い状況です。

日本の人口の減少を考えると、新興国でのさらなる地位の確立と、多大な利益をもたらす創薬での特許獲得は必須な状況でしょう。日系製薬会社のM&Aの追求は続き、体力のない製薬メーカーの間では再編が発生する可能性があります。

※いまだに治療法が見つかっていない疾患に対する医療ニーズのこと

■ 世界の製薬会社ランキング（2020）

●世界の製薬会社トップ5

（億円）

ランキング	社名	国籍	売上高	研究開発費
1	ロシュ	スイス	65,581	13,629
2	ファイザー	アメリカ	54,855	9,169
3	ノバルティス	スイス	50,292	9,966
4	メルク	アメリカ	49,650	10,464
5	グラクソ・スミスクライン	イギリス	44,628	6,183

●日本の製薬会社トップ3

（億円）

ランキング	社名	国籍	売上高	研究開発費
9	武田薬品	日本	32,012	4,789
21	大塚HD	日本	13,581	2,099
22	アステラス製薬	日本	12,652	2,180

出所：Answers Newsより著者作成
https://answers.ten-navi.com/pharmanews/18365/

■ ヘルスケア領域におけるコネクティビティ

4 注目すべき産業④：モビリティ

●トヨタによる驚きの提携

トヨタが2019年10月にソフトバンクと、そして2020年3月にNTTと資本業務提携を発表し、大きな話題となりました。トヨタの戦略は何なのでしょうか？

モビリティとはヒトやモノの移送のことです。モビリティを語る際、2つのキーワードがあります。**CASE**と**MaaS**※です。CASEは、コネクテッド、自動化、シェアリング、電動化といった技術革新によって車が社会システムの一部になる、つまり従来の車の概念がテクノロジーによって大きく変わる様を総称しています。実際、グーグル、アップル、アリババなどのテクノロジー企業が、自動運転の技術を武器に自動車産業に参入しており、既存プレーヤーへの脅威となっています。将来的に自動車メーカーを買収することがあるかもしれません。

一方MaaSとは、バス、電車、タクシーからライドシェアといったあらゆる交通手段を、ITを用いてシームレスに結びつけ、移動の利便性向上を目指すシステムのことで、究極的に自動運転かつ完全なCO2フリーの世界を目指すものです。自動運転のEV車が、オンデマンドで自宅前まで迎えにきてくれる。トヨタは、そんな社会の実現を目指し、ソフトバンクとNTTをパートナーに選んだのです。自動車産業における脱CO2の流れはEV化、もしくは水素化です。いずれの場合でも、ガソリンエンジンをベースにした既存の部品メーカーの大宗が整理・再編されることになります。

本章2節でテクノロジーが支店・審査部をベースにした銀行モデルへの脅威になることを説明しましたが、モビリティの世界でも、同様に既得権益者に対する脅威になりうるのです。

※CASE：ケース、Connected, Autonomy、Shared、Electric
　MaaS：マース、Mobility as a Service

■ 移動・輸送に関わる産業・ライフスタイルの連関予測図

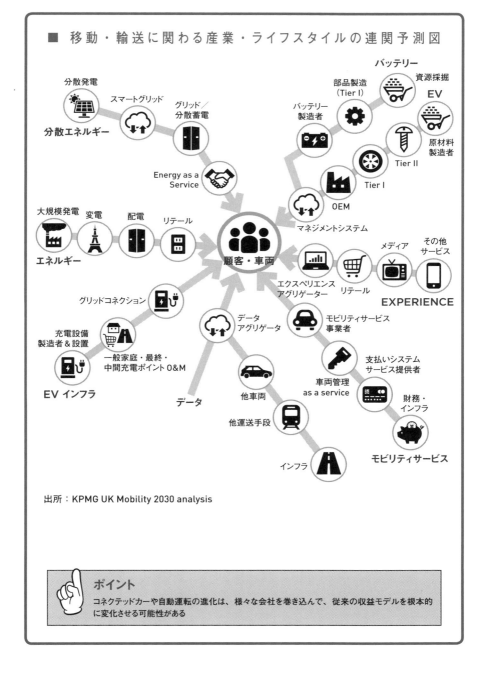

出所：KPMG UK Mobility 2030 analysis

ポイント

コネクテッドカーや自動運転の進化は、様々な会社を巻き込んで、従来の収益モデルを根本的に変化させる可能性がある

5 次世代ビジネスの留意点

ここまで見たように、**DXの進行による様々なビジネス機会が生まれてきています**。この流れを取り込んで事業化しようという企業の動きも盛んですが、「アセアン内で、モビリティを軸に事業構築をしろ」とか、「ブロックチェーンの技術を用いてサプライチェーンを改革せよ」など、経営から号令はかかるものの、実際の事業化に苦労している担当者の方は多くいらっしゃいます。その難しさはどこからくるのでしょうか。Eコマースを例に考えてみましょう。

● Eコマースに見る次世代ビジネスの考え方

左に示してあるのは、Eコマースに関連した「次世代ビジネス」と呼ばれる切り口を、実現の容易性で色分けしたものです。Eコマースとそれに付随したEマネー／決済システムや、P2Pレンディングなどすでに実現しているものから、「破壊的創造」を要する難易度の高いものまでを羅列しています。図のX領域に位置するものは、アマゾンやアリババのように、巨大な商圏を押さえたもののみが独占的に利益を享受できるビジネスです。**X領域に新規参入して、事業構築することはほぼ不可能**でしょう。また**Z領域は実現の難易度が高く、この領域に大きな投資をしていくのは勇気がいります**。Eコマース自体もかつてはこのZ領域のリスクの高いビジネスでしたが、競争に勝ち残った企業だけが、巨大な商圏を築いてXの領域の果実をとることができたのです。**次世代ビジネスの難しさは、「Z領域のリスクはとれない、しかしそこに躊躇《ちゅうちょ》している間にX領域で寡占が進んで参入余地がなくなった」ということなのです**。しかしその中間を見てみると、Eコマースを支える輸送・保管の高度化に関し、そのインフラ構築やそれに必要なファイナンスの提供が事業として成立するYという領域があります。ここでの商機を考えていくのです。

■ Eコマースにおける次世代ビジネスの切り口と実現性

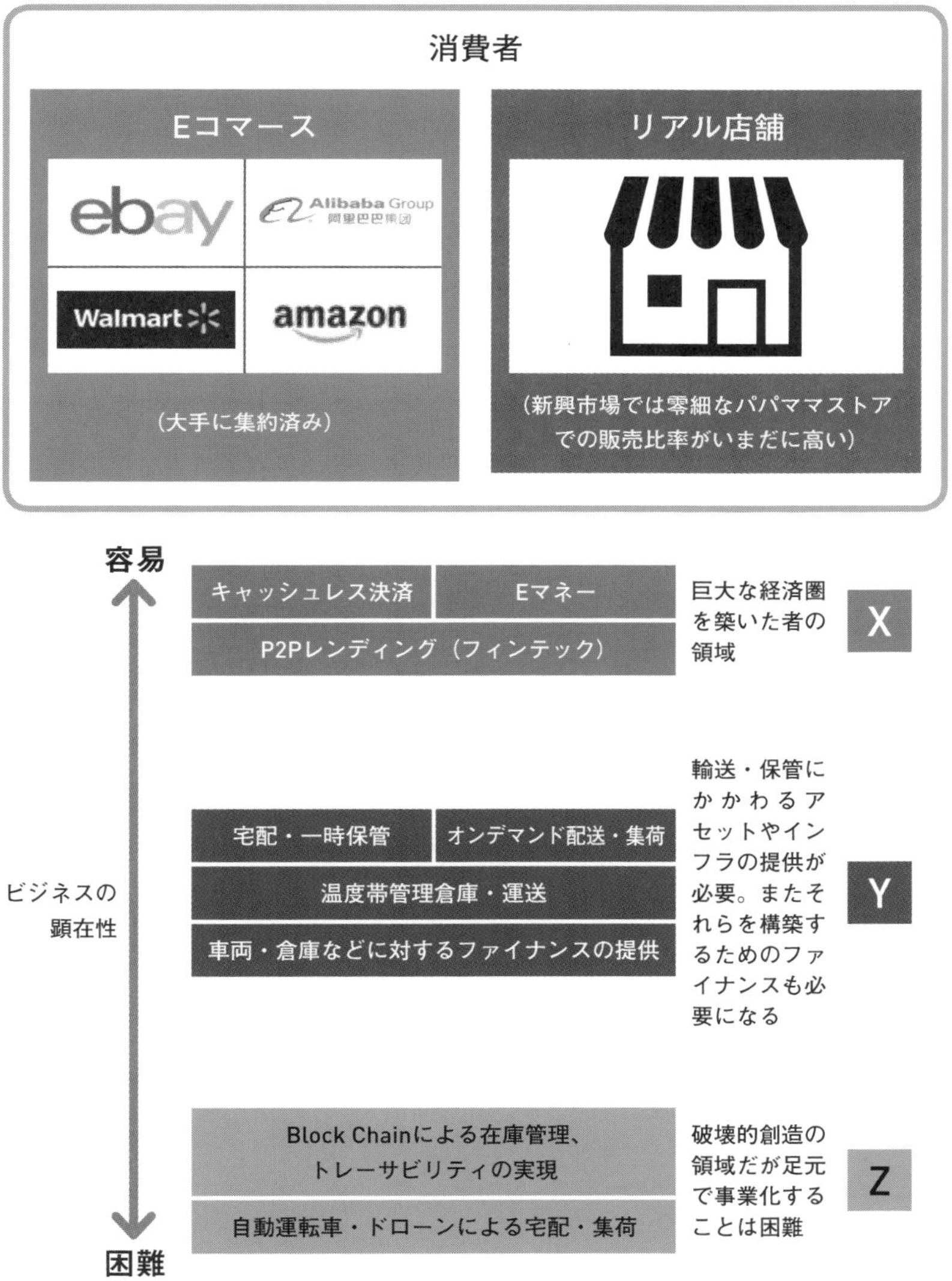
消費者
Eコマース
ebay
Alibaba Group 阿里巴巴集团
Walmart
amazon
（大手に集約済み）
リアル店舗
（新興市場では零細なパパママストア
での販売比率がいまだに高い）
容易
ビジネスの
顕在性
困難
キャッシュレス決済
Eマネー
P2Pレンディング（フィンテック）
巨大な経済圏
を築いた者の
領域
X
宅配・一時保管
オンデマンド配送・集荷
温度帯管理倉庫・運送
車両・倉庫などに対するファイナンスの提供
輸送・保管に
かかわるア
セットやイン
フラの提供が
必要。またそ
れらを構築す
るためのファ
イナンスも必
要になる
Y
Block Chainによる在庫管理、
トレーサビリティの実現
自動運転車・ドローンによる宅配・集荷
破壊的創造の
領域だが足元
で事業化する
ことは困難
Z

6 「Z領域」への投資と日本人の事業創造力

● Eコマースで中国企業が躍進する衝撃

前節のY領域について考える前に、Z領域に対する日系企業の投資スタンスを考えましょう。左の図は拙著『ASEAN企業地図第2版』からの抜粋で、世界的なEコマース企業となった中国のアリババ・テンセントのアセアンにおける提携の様子を示したものです。Eコマースは今やすっかり定着しましたが、かつては高リスクのZ領域に属した事業でした。中国を代表するこれらの大企業も、不確実性の高い事業領域に積極果敢に投資をして規模を拡大し、特にタイでの提携相手はサハ、セントラル、CPといずれも日系企業と非常に関係の深い財閥です。その関係の深さにもかかわらず、ここに日系企業の姿が見えないのは、タイ財閥をよく知る私としては衝撃的なことです。

● Z領域へのM＆Aが難しい理由

新しい事業というものは前例がない分、市場の成長を読んで事業計画を立てることが非常に難しいものです。いかに周到にビジネスDDを行っても確証を持てない世界で、そもそも周到なDDなどできないといってよいでしょう。そこで事業に踏み切れるかどうかは、まさに経営者の判断となりますが、中国企業とアセアンの財閥が組み、日系企業がそこには入れなかったという厳然たる事実があるのです。

第6章の後半で、私は日本人の事業創造力が低下しているという懸念を述べました。欧米・アジア企業の経営スタイルはトップダウン型、一方の日本企業は稟議制のボトムアップ型。これはよくいわれる日系企業の経営上の特徴です。このような**経営判断の特徴も相まって、不確実性が高く経験値のないZ領域に踏み出すことを躊躇している間に、中国企業が日系企業と懇意にしているアセアン財閥との提携を実現してしまった**のです。

■「X領域」における中国企業とアセアン財閥の結びつき

7 次世代ビジネスにおける投資の考え方と日本企業の未来

アマゾンやアリババが支配するＸ領域、そしてドローン配送やブロックチェーンの流通改革など得体のしれないＺ領域。Ｅコマースにかかわる次世代ビジネスの広がりにおいて、ＸとＺの中間に存在する**Ｙというビジネス領域とは、Ｅコマース事業の付加価値を向上させるインフラ構築とそれに付随するファイナンスの提供という領域なのです**。ここのインフラ構築を戦略的に考えることは非常に大切です。なぜならＸ領域のプレーヤーも必ずＹ領域の仕組みを使わざるを得ないインフラを構築してしまえば、彼らとのパートナーシップの道が開けるからです。

● 日系企業が生き残るためのＭ＆Ａ戦略

日系企業は国内人口４０００万人の減少に備えて、買い手としてのＭ＆Ａを追求しなくてはなりません。**Ｘ領域のビッグプレーヤーに対する買収機会はぜひ追求したい**ところです。おそらく彼らは売却モードではないでしょう。しかしウィンウィンの設計をして積極果敢にアプローチをしてほしいと思います。

一方、**Ｚ領域の投資も長期的には追求していきたい**ものです。Ｚ領域のあまたあるスタートアップ企業に投資をすることは非常にリスクが高くなります。その目利き力は個人にこそ宿りますが、会社としてそれを保有・維持することは困難です。**スタートアップ企業に対して直接投資をするのではなく、彼らに出資をしているＶＣに対して出資をする**のも1つの手です。実際、私の会社ではどのＶＣに出資をしたらよいかというアドバイスを提供しています。

次世代ビジネスにおけるインフラ整備の投資を行い、スタートアップ企業をＶＣとともに支援し、そしてその業界のビッグプレーヤーとウィンウィンを構築するのです。「Ｍ＆Ａ勝利の方程式」はここでも間違いなく機能するでしょう。

■ 次世代ビジネスを見据えたM&Aの考え方
X領域
圧倒的プレゼンスを持つプラットフォーマーたち
Google
facebook
amazon
• プラットフォーマーとなったアマゾン、アリババもグローバルでは競合している
• 競争を勝ち抜くための付加価値を有する提案は常に歓迎される
Z領域
破壊的創造を目指すスタートアップ企業
• CVCによる直接投資、もしくはVCに対する出資で対応する領域
• 非常にリスクの高い領域であり、事業に対する目利き力（事業創造力）が必要
デジタルトランスフォーメーション（DX）
Y領域
DXの進行を支えるためのインフラ構築やファイナンスの提供者
• 宅配のノウハウ、温度帯管理倉庫、データセンター、サイバーセキュリティーシステムなどEコマースへのノウハウやインフラ、そしてそれに付随するファイナンスを提供
• この領域への投資・ファイナンスは比較的、検討や判断がしやすい上、プラットフォーマーに対する付加価値となりウィンウィンの構築が可能

た行

な・は行

ま行

や行・ら行

索引

数字・アルファベット

あ行

か行

さ行

桂木 麻也（かつらぎ・まや）
インベストメント・バンカー。慶應義塾大学経済学部卒、カリフォルニア大学ハーススクールオブビジネスMBA保有。メガバンク、外資系証券会社、国内最大手投資銀行等を経て、現在は大手会計会社系アドバイザリーファームに勤務する。クロスボーダーのM&Aへの造詣が深く、特にアジアでの駐在経験は通算7年におよぶ。
［著書］
『ASEAN企業地図 第2版』

装丁・本文デザイン　山之口 正和＋沢田 幸平（OKIKATA）
DTP　小林 麻美（ケイズプロダクション）

図解でわかるM&A《エムアンドエー》入門
買収・出資・提携のしくみと流れの知識が身につく

2020年9月7日　初版第1刷発行
2024年4月20日　初版第6刷発行

著者　桂木 麻也
発行人　佐々木 幹夫
発行所　株式会社 翔泳社（https://www.shoeisha.co.jp）
印刷・製本　株式会社 ワコー

ISBN 978-4-7981-6512-7　Printed in Japan